gourmet

culture

グルメの教養

「食の子ども」から「食のおとな」へ

小町 文雄

イラスト　なぉ
装　丁　みやしたともこ（デザインポット）

もくじ

グルメの教養　「食の子ども」から「食のおとな」へ

はじめに　美沙ちゃんへ

「食の子ども」から「食のおとな」へ

美沙ちゃんは間もなく結婚するんだって？　もっぱら食べるだけだったきみも毎日食事を作ることになるのだなぁ。どのくらい料理ができるの？

ママから料理の手ほどきはたいして受けなかったようだし、うちでもあまり作らなかったみたいだけど……勉強と仕事でそれどころではなかった、って？

ま、それはそれでいいけれど、これからは毎回自分で、何を食うのか、何を作るのか決めなければいかんのだぜ。しかも、自分だけのことじゃなくて、それにずっと付き合わされるやつもいるんだ。それとも、半分はそいつの受け持ちになるのかな？

美沙ちゃんは学生時代、健康な食欲にめぐまれて、何でもうまいと思って食っていたようだね。若いから料理の味をとやかく言わなかったのは当たり前かもしれない。

若いやつが、年季の入った社会人のように妙に食い歩きの知識をもっていて、「～なら何屋だ」などとうるさかったり、料理のあれこれに通めいた批評を加えたりするのは、あまりかわいくない。

だけどね、一人前になった美沙ちゃんの生活の中で、食い物と料理の比重はこれからはいやでも上っていくのだよ。与えられた食い物をただ「おいしい」といって平らげるだけではすまなくなる。毎日メシは自分で作らなければならない。多少腕をあげないと、まずいものを自分が食うばかりでなく、旦那にも食わせることになる。いずれは子どもに栄養のあるうまいものを食わせたくもなるだろう。

外のメシだって、今までみたいにスパゲッティやピッツァばかり食っていればいいってものではない。年齢とともにおごられっぱなしというわけにもいかなくなってくるだろう。営業なんかに回されたら、接待も必要だろうから、多少の知識や評価眼も必要になってくる。

それに、ときには人を自宅に呼んでごちそうすることもあるかもしれないし、旦那が友だちを呼びたがるかもしれない。

きみは**「食の子ども」**を卒業して、**「食のおとな」**にならなければならないのだ。

食の教養

ただね、世の中には「食のおとな」なんて、じつは案外少ないんだぜ。食いしん坊は多いけど、食物と料理に関してはいい加減なやつがけっこう多くて、見習うに値する見識や姿勢をもつやつは、老若男女ともにそれほど多くはない。

やたらと食い歩きの経験を自慢するやつ、通ぶるやつ、そのくせ自分の味覚はもたず、もっぱら世間的権威と評判と流行に頼っているやつ、自分の好みにすぎないのに、妙にもったいをつけて断定したがるやつ（「どこの何を食ったら、他ではもう食えない」なーんて言うのが好きだ）、味覚の幅が狭く、硬直していて、新しい味や変わった味をすなおに受け入れられないやつ、陳腐化した俗説を信じ込んでふりまわすやつ。

そうかと思えば料理にも味にもまったく無頓着なやつ、好き嫌いの多いやつ……。要するに、ちゃんとした自分の味覚と知識と関心、つまり食べる術と楽しみをもっている「おとな」なんて意外に少ないのだね、これが。

そこで、娘のいないおじさんとしては、姪の美沙ちゃんに、「食のおとな」になってほしいと思ったのだ。いろいろな料理をどうやって作るか、という話ではないよ。そのためのレシピ本なら世の中にあふれるほどあるから、それを見ればよい。

そうではなくて、世界と日本の食と料理はどういうものなのかを知り、それとどう向き合ったらよいかを探るための**教養**をもってほしい。そういうことを踏まえた「食のおとな」になれるように、少しばかり**「学」**を授けようというわけだ。

食べることにも「学」が必要なのか、だって？　何にだってそれなりの「学」は必要だよ。世の中には実際の料理の作り方の指南や、すばらしい料理、めずらしい料理を食べた経験談や印象談はたくさんあるけど、食と料理の性質と構造が見渡せるようにしたものは少ない。

「学」といっても、何かむずかしいことを指しているのではない。文化人類学のように世界の食生活の分類・分析をしようというのでも、栄養の話をしようというのでもない。

食文化と料理にかかわる基礎的な背景知識を少し広げるだけの話だ。それがないと、ただ漫然とメシを作って食うだけになって、視野が狭まり、楽しむ力も弱まってしまう。

そうならないようにするために、直接の調理技術上達以外に、作って食べて味わう楽しみの背景に何があるのかに目を向ける。そういう広い知識があって初めて、全体がつかめる。これが**「グルメの教養」**だ。やる気あるかい？　あるなら、話を進めよう。

アームチェアとガストロノミーについて

おじさんは調理人ではないし、食文化研究を専門とするわけでもない。日本や世界各国の料理を食べ歩いた経験が特に豊富だともいえない。ま、ふつうの人よりは多いかもしれないけど。ただね、何を隠そう、おじさんは「**アームチェア・ガストロノーム**」なのだよ。

女性でも男性でも、また自分が料理をしてもしなくても、腹がへるから食うだけでなく、ものを食う楽しみを広く深いものにしようとする人間なら、だれでもいつの間にか食い物と料理について多少の知識を身につける。

それを少し整理しようというのが、このアームチェア・ガストロノミー、つまり**「すわったままで身につける、食文化と料理に関する教養」**だ。

推理小説の古典的作家だった**アガサ・クリスティ**は、自分のうちの椅子にすわって編み物をしながら関係者の話を聞くだけで、むずかしい事件を解決してしまうミス・マープルという人物を作り出した。

以来彼女のような、現場に行かない人間が登場して謎解きをする作品群はアームチェア・ディテクティヴ（安楽椅子探偵もの）と呼ばれる新しいジャンルになった。

さらに**アームチェア**ということばは、さまざまな分野で実際の体験をせず、伝聞、読書、映像情報などを通じてその世界に入る（通じる）ことを指すものとなった。おじさんは調理に関しても、食べることに関しても、ちょっとした「アームチェア」派なのだ。

ガストロノミーということばは通常「美食学」と訳されるけれども、この日本語の呼び方はあまり正確に意味を表しているとは思えない。**グルマンディーズ**（日本語ではふつう「グルメ」と言っている）にも同じ「美食」という訳語があてられるからだ。

本来この二つのことばが指す内容は違うのに、両方を「美食」と言ったら、ぜいたくな食道楽を意味する「グルマンディーズ」とごちゃごちゃになってしまう。ガストロノミーはそれとは違うのだ。

食材に色々な加工を施しておいしく食べようとか、長持ちさせようとかいうくふうと研究は大昔からどこにでもあり、その探求が広い意味のガストロノミーの起こりだ。古代ローマ帝国ではそれがけっこう発達したらしいが、近代になって体系化したのは、フランス人の**ブリア＝サヴァラン**だった。

彼は一九世紀初めに『**美味礼讃**』(邦訳は岩波文庫。原題は『味覚の生理学』)という本を書いて、近代世界最初の本格的ガストロノーム(ガストロノミーを担う人)とされている。彼はガストロノミー(この本では「美味学」と訳されている)を「栄養のうえから言って人間に関係のあるあらゆることがらの整理された知識」と定義し、だから「博物学にも、物理学にも、化学にも、料理術にもつながる」と言う。

つまり、これは食の分野に広範に広がる**総合的な人文・自然科学的な追求**だ。フランスで発達したガストロノミーというのは、美食自慢のおしゃべりのようなものよりもはるかに深く、幅広く、内容豊かなものなのだ。

ガストロノミーの担い手

ガストロノミーは食をめぐる学問のような知識全般だから、何をどのように料理するか、という技術論はその一部にすぎない。だから料理の技術者(プロの調理人)は、研究、解説や普及運動に携わるのでなければ、通常はせまい意味のガストロノームと扱われない。

ガストロノームと呼ばれるのは主として研究者、評論家、ジャーナリスト、作家その他の、厨房と食卓を外側から取り囲む位置にいて食文化を向上させる人々だ。だから、ガストロノミーというのは、調理と摂食そのものではなく、文字どおり「食文化と料理に関する教養」なのだよ。

もっともフランスでは昔から、そして日本でも近頃は、ガストロノームと呼ぶにふさわしい、「学」があって解説のじょうずなスター調理人に事欠かないけどね。

料理の消費者（食べ手）も、調理人の反対側に位置する食の主役ではあるのだが（音楽ならば聴き手にあたる）、ただ食べるだけではガストロノームとは言えない。だって、誰もが毎日食べているじゃないか。知識豊富な、味覚に鋭い、そして料理の評価ができる食べ手こそがガストロノームなのだ。ただのうるさい「食いしん坊」ではない。

こうした「しろうと」ガストロノームは料理文化にとってはとても重要な存在だ。幅広く多数存在しているこの人たちがいなければ料理文化の裾野は形成されず、料理の水準も高まらないからだ。

一般的に言って、あらゆる芸術は**作り手**だけでなく、**受け手**がいなければ成り立たないが、料理もそうだ。良い作り手が必要なのはもちろんだが、それ以外に良い食べ手だけでなく、良いガストロノームがいなければ、料理文化は発達しない。

ガストロノームは「食べ手」の一部には違いないけれど、その上層部だ。音楽でいえば、評論家・

研究家や、自分も少しは演奏する、レベルの高い聴き手に当たるかな。美沙ちゃんにもそんなガストロノームの末席に加わってもらおうというわけだ。

外でうまいものを食べるだけではなく、いい意味で自己流の食事を提供する宴を開こうと思うなら、単に料理をじょうずに作るだけでなく、若干の作戦が必要になるが、そのためには各種のガストロノミーに通じておいた方がいい。

宴というからには、一品ですませられるわけではないからね。つまり**構成と演出**が必要になる。食卓はただ作れるものを並べるだけのものでなく、意味のある、または作り手の気持ちを表現し、食べ手の気持ちに応えた作品群にならなければならないのだ。

たとえば、誕生日祝いなら、デコレーションケーキを買ってくる以外にも、料理の上でやれることがあるのではないか。ただ、食卓作りの具体的な話はあとにする。その前にわかっておいてほしいことがあるからだ。

ガストロノミーの力

スタンダードな調理法に創造的な自己流のくふうをちょっと施す、と言うと格好いいが、じつはレシピどおりにはできないことが多いから、少し変えなければならないことはよくあるだろ。

書かれている材料や調味料が手に入らなかったり、プロの言うとおりの手順をすべて踏むことができず、別の何かで補ったり、手抜きをしたりしなければならないことも多い。いやでも料理と設宴はある程度自己流にしなければならないわけだ。

そうなると、隙間を埋める知識と技が必要となる。その手助けをするのがガストロノミーだ。こうして料理は**自分の気持ち**を表すこともできる営みとなる。ガストロノミーは料理を知的にも楽しくする。

ガストロノミーはフランスで生まれ、発達した。フランス料理が世界に冠たるものになった大きな理由は、政治や外交の話を除けば、あの国ではよそと違ってガストロノミーが発達し、多くの人々が食を楽しんだだけでなく、料理と食を「学」にまで高めようとしたのと、その成果をブランドに育て上げて、世界中に示したからだ。

イタリアやスペインも料理がすこぶるうまい国だと思うけど、ガストロノミーがあまり発達しなかったという点で、フランスと決定的に違う。

日本に至っては、厨房では拳骨と理屈無視が支配していたし、料理を作ることや食べ物に関心をもつのはいやしいこととされてきた。上流の宴席では儀式性と礼儀作法ばかりが重視されていた。何が楽しくって宴を催していたのだろうか、と思ってしまう。

食べる側から見ても、以前の日本には作家の食道楽の随筆があったくらいで、研究や知的な評論なんてあまりなかった。つまり、ガストロノミーというものが認知される雰囲気も場もなかったわけだ。

もちろん、古い時代にだって記録はあるし、江戸時代になると多数の料理関連の本が出された。浮世絵にも街角の屋台や、立ち食いを楽しむ庶民が登場する。しかしそれが料理の水準または社会全体にどれだけ影響力をもつものだったか、というと、あやしいといわなければならない。

現在の「世界総グルメ」時代というのは、やはりフランスで発達したガストロノミーのおかげでできたのだよ。これにはあとでまたくわしくふれることとして、まずはおじさん流ガストロノミーの本題に入ろう。

Chapter

1

料理って何だろう

安楽椅子の食道楽

四つの心得

料理を作る私たち（もちろん、男もふくめて）は、「**しろうとシェフ**」だ。つまり台所の主人、誇り高き調理人だ。そんな風に構えなければ、我が家でいい料理は作れない。

だけど、そうなるにはやはり料理とは何か、という理解と、それを作る**心構え**がいる。プロの調理人の心構えとはまったくべつのものだろうけれど、しろうとにだって心構えは必要なのだよ。それをテーゼのようにまとめてみたら、次の四つになった。

①「料理は芸術である」

日本をふくめ、多くの国はこのところ長い間平和と繁栄を享受してきた。そこで各国で食い物に向ける財布と心理の余裕がふえ、食材の流通、加工技術、外食産業が高度に発達しただけでなく、大衆化した。

内外の旅行もひろく普及したため、「食べ歩き」は世界中の多くの人々が共有する楽しみとなったし、家庭料理も豊富で多様になった。

日本ではその傾向が特に強いように思われる。ときに空恐ろしく感じるほどのぜいたくな「**グルメ時代**」の到来だ。そこには資源浪費や飽食と肥満などのいろいろな問題もあるが、それはともかくとして、このこと自体は、歴史上今までになかったけっこうなことだ。ただ、そういう時運にめぐまれたからには賢く対処したいものだね。

こんな状態はそれほど古くからあるわけではない。日本をふくめた多くの国で、人々は貧しくて、食を楽しむなんて境地からは程遠かったし、食に対して関心をもち、こだわるのは、いやしいこととして長いこと軽蔑されてきた。それがすっかり変わったのは近年になってからなのだ。

ぜいたくになっただけでなく、料理に対する理解も深まって、今日ではすぐれたプロ調理人はどの国でも尊敬されている。彼らが作る料理が芸術作品だ、ということには、もはやほとんど異論が出ないだろう。

だけれども、ここで言いたいのは、一流プロだけでなく、**私たちが作る料理だって芸術だ**、ということなのだ。もちろん、たいしたものではない。いうなれば、しろうとコーラス、楽器演奏、日曜画家、主婦の生け花のようなものだ。だけどさ、それだって芸術活動の一種には違いないだろ?

自分で料理する楽しさ、くふうのおもしろさ、奥の深さなどは、もし芸術と名乗るのがおそれ多いというのなら、少なくとも「げいごと」並みとは言える。料理は昔流の嫁入り準備や主婦の義務ではなく、今や男性も、キャリアウーマンも、老いも若きも、多くの人が好んではげむ「げいごと」、つまり一種の芸術なのだ。

心得その①は、私たちも**そういう心意気で料理に向かおう**ではないか、ということだ。

②「料理は学問である」

料理に関する正式な、包括的な、独立した学問といえるものが存在するとは言えない。近隣の学問分野、たとえば**栄養学**なんてものは、いちおう学問らしき体裁をととのえてはいるが、医学の中の未熟な一分野にすぎない。だって次から次へと、いささか迷惑な間違いをくりかえすではないか。たとえば、ほうれん草、紅茶茸、ヨーグルト、寒天、などなどのいわゆる「健康食品」をめぐる大騒ぎは記憶に新しい。あんなものは料理に関する学問なんかではない。健康に関する人々の強迫観念を刺激するサプリメントの広告と大差ない。

フランスで生まれて発達したガストロノミーは、学問「のようなもの」であり、知識の集積ではあるが、学問としての完結した体系をととのえる努力やくふうはあまりなされなかった（フランスには「ガストロノームのアカデミー」というものも存在しているが）。べつにそんなことはどうでもよかったからだろう。

それに、扱う範囲が広すぎるし、多様すぎる。だけど、今や日本にもガストロノームと呼べる人々によるすぐれた学問的アプローチは多数あるので、専門的な意味で学問としての体系をなしていなくても、学問に似たものがあるとは言えるだろう。

そんなガストロノームの日本での際立った例をあげれば、それぞれ分野は違うが、日本に本格的なフランス料理を根付かせ、系統的に研究を重ね、専門的な教育制度を整えた**辻静雄**、「鉄の胃袋の持ち主」と呼ばれて世界中の未開の味を食べまくって食のルーツを探った文化人類学者**石毛直道**、食関連の文筆家で、料理に関する合理的なアプローチを示した**玉村豊男**などがいる。あとでもっとちゃんと紹介する。

「料理は学問である」と簡単にしてしまったが、本当は「料理は**学問的な追求の対象**でなければならない」とした方が正確だ。料理を対象とする正式な総合学問体系はないとしても、またそんなものを作り出す必要はないとしても、食と料理にはある程度**学問的にアプローチ**したほうがよい、ということだ。

「心得その①」で言ったように、料理は芸術なのだから感性の対象でもあるのだが、音楽だって建築だって、理論や歴史の部分がとても重要だろ。

格言が言う「**好みに関しては争わない**」の「好み」の問題ではなく、料理をよい意味での議論の対象に、つまり議論できるようなものにすべきだ、と言ってもいい。**「好み」以前の問題がある**、と言ってもいい。

「学問的」というのはむずかしい屁理屈をこねることではない。かたくなな思い込みや、自分の趣味(好み)への埋没や、評判や流行への迎合などを避けて、冷静に、客観的に、事実に基づいて、分析的・論理的に対処すべきだ、ということなのだ。なに、学問の世界にだってそうでないやつはいっぱいいるけどね、それはまた別の話。

料理の話になると、怪しげな「理論」や思い込み、そして自分の好みを振りかざし、片端から断定しているうちに、興奮して熱くなってしまう人が多いのはなぜなのだろう?

たとえば刺身を多少理屈っぽく分析的に論じようものなら、「そんなことをいうやつは味がまるでわかっていない」と言われる。それくらいならまだしも、「屁理屈を言うな」と拒絶されたり、あげくの果ては「日本人ではない」と怒られたりする。なにも怒ることはなかろうと思うが、食い物の話になるとなぜか怒りっぽくなる人が多い。

また理屈を言っているようにみえても、じつは流行と評判に流された自分の好みを押し出しているだけの人もいる。人間は評判に弱いから、高い食材はおいしく思えてしまう、なんてことはよくあるのだけど。

酒を飲んだうえで、好みの食い物に関する軽い与太話を楽しむのも悪くないが、こういう態度では、多少なりともまじめな話をしようとする気持ちがなえてしまい、「つまるところは個人の好み」

ということにして、それ以上話を進めないほうが社交上賢明だ、と思えてしまう。そう思わせるような人間になりたいかい?

料理の歴史や、理論(栄養学や調理の科学)などの知識も料理の理解を広げるのに役立つけれど、そんなことよりも大事なのは、毎日の実践(作ること)や鑑賞(食べること)を「まじめに」やることだ。それをふくめた、私たちの食物に関する知識、態度、言動を、少しばかり**学問的**にしようと言っているわけだ。

味は感覚の問題ではあるが、**好き嫌いや気分**だけで片付けるのではなく、理解や評価を共有できるように、つまり食い物に関してちゃんとした話の交わせる人間になりたいものだよね。栄養学に通じなければならない、なんていうのとはまったく違う。

おじさんが若くて外交官の卵だったころ、欧米世界の主流(幅をきかせていたのはアメリカ人だったけれど)で刺身(raw fish「生の魚」)はまったく受け入れられていなかった。食卓でそんな話を出そうものなら、眉をひそめられ、場合によっては「食卓でする話ではない」とたしなめられたものだが、今や寿司は世界の流行品から定番に近くなってしまった。

欧米人の味覚が変わったのだろうか?

ちがうと思うね。彼らが刺身をすなおに味わう妨げになっていた、かつての無知と西欧文明の優越感がなくなり、他文明への理解が高まったからだ。

知識と学問的態度が拡大したおかげで、彼らの心理から異なる文化に対する根拠のない偏見がへって、多少栄養学や衛生の知識（低カロリー、低脂肪に関するものなど）もふえた結果、生の魚への忌避がなくなり、すなおに味わえるようになったことが、変化の最大の理由だと思う。

ほらね、ことほど左様に「学」は大事なのだ。

③「料理は愛である」

これはあちこちでよく言われることで、事実ではあるけど、心得とか理屈とかいうよりも、いわばぼんやりとした精神論というか、道徳的な規定だね。

多数の書物で料理に関してすぐれた識見を示した、現代のガストロノーム玉村豊男は、「料理は愛情でもなければまごころでもない。**料理は知識であり、技術なのだ**」と書いている（『男子厨房学入門』文春文庫）。それはそのとおりに違いないが、ものは言いようだろう。

玉村は、「料理は愛だ」という言い方に代表される、情緒的な観念論で人を煙に巻く多くの料理本や評論家を批判したのだと思うよ。

そこでは料理技術を正確な知識、理論、論理で詰めることをせずに（つまり「学問的」にしないで）、説明不能の名人芸に祭り上げてしまう一方で、「愛」という何でも呑み込む精神論で説明不足をごまかしている場合が多い。だから彼はことさら「料理は愛ではなく、知識であり、技術である」と強調したのだ。

ただ、料理をする際の気持ちとしては、「愛」はやはり大事だし、その本質的性格ともいえるよね。たとえば、久しぶりにわが子を迎える母親が、ひたすらおいしいものを準備するなんてことはざらにあるではないか。これはどう見ても愛だね。誰が嫌いなやつのための料理に気持ちをこめるものか（プロは別だよ）。

また、今や注目を浴びる「もてなしの心」とは隣人愛（友情）の発露と言ってよい。愛の表現であるもてなしの精神によって（つまり相手を喜ばせようとして）、私たちの調理術が前進するのなら、これはもう「料理は愛」といえるのではないか。自分の気持ちを「愛」と名づけるのは照れくさいかもしれないけど。

もうひとつ、「**感謝**」の気持ちも愛の一部としてあげておこう。私たちは他の生物の命をいただいて食べ、自分の命をつないでいる。自然、食材、その生産者などへの感謝の気持ちは大切だろう。

そういう気持ちがあると、味もよくわかるのではないだろうか。食べ物を粗末に扱うなんてことはできなくなる。

④「料理は遊びである」

これはしろうとシェフ、まさに私たちのための心得だ。プロにとって、毎日の料理が遊びどころでないことは言うまでもないが、私たちが料理をするのは、楽しいからだ。

これは遊びのようなものなのだ。毎日のこととなると、そうも言っていられないときもあるけど、基本的には楽しまなくっちゃ。

ファストフードや出来合いの品を買ってすませるのは、遊ぶチャンスの放棄ではないか。そういうことは、忙しい人が、時間を節約するためにやむを得ずやっている**必要悪**なのだから、まねをすることはない。

各分野で活躍する人たちは皆おどろくほど活発で、いい意味で貪欲だ。だから遊びじょうずの人も多い。そういう人がときどき書く、自分の生活に関する随筆を読むと、料理をする人も多いんだね。ものすごく忙しそうなくせにけっこう料理を楽しんでいる。多少格好をつけているのかもしれないけど、ウソならあんなに生き生きとは書けないだろう。

まじめに仕事一筋の生活を送ってきた人が定年を迎えて、何をしてもよくなると、読書をしようとか、毎日釣りに出かけようとか、歴史散歩でもしてみようか、という気になるのだが、すぐに飽きてしまって、ヒマをかこつことが少なくない。そういう人は遊び慣れていないのだな。

どうも遊びというのは、忙しい現役時代からヒマを惜しんでやっておかないと、なかなか身につかないものらしい。

だからさ、遊びである料理には、忙しい**現役時代から**取り組まなければならないのだよ。それ以上に、いくら忙しくても一日三回の食事はできるだけ楽しまなければならない。

仕事の手を休めずにおにぎりをぱくつく人もいるが、それは止むを得ない、お気の毒なことであって、そういう人でも朝や晩にはゆとりのある食事をしていただきたいものだ。

仕事の種類にもよるが、「多忙人間」でも料理をする人はいるし、その時間は仕事のことを忘れて落ち着きを取り戻せる時間だ、という人もいる。そういう人が、現役引退後も料理を楽しめるのだろうね。

定年後になってから料理を楽しむようになったとしても、もちろん悪くはない。ただ、年齢とともにひたひたと押し寄せる気力と食欲の減退という敵がいるよ。料理なんて、健康な食欲がないとやる気にならない。

さて、私たちは以上のことを基本的な心得として料理に取り組むわけだが、料理というものは作るだけではなく、食べてこそ完結する。**食べる方も楽しく**なければならない。

昔の日本の武家や外国のピューリタンの食卓のように、余計な口をきいてはならず、すみずみまで細かい礼儀作法を気にしながら、「ぜいたくを排した」質素きわまる食物を黙々と口に運ぶ、なんてのは、ここで扱いたい豊かな食とは縁遠いものだ。

昔は東西で食べることや味を楽しむこと自体がそもそも非道徳的と扱われていたけれども、今や料理は楽しく食べてこそのものだ、という考えがいきわたった。食べる立場からしても、料理は遊びなのだ。

「家族団らん」も「心のこもったおもてなし」も「楽しいパーティー」も、愛のほかに豊かな遊び心があってこそ生まれるものだろう。

以上が料理と食事に関する心構えだが、ここで食にかかわる別の基本問題を考えてみよう。それは味覚だ。

味と栄養

味覚の生理学

味は料理を論じるときの核心なのだが、一筋縄ではいかない。生理学的・医学的探究と解明はかなり進歩したようだが、味のふしぎさを解き明かしたとはとても言えないし、しろうとがこの点に関して医者や学者みたいな知識をもつ必要もないだろう。

味というのは感覚にかかわることだから、ことばで説明するのはむずかしいし、最終的には個人の好みということにもなるだろうから、論じにくい。

それでも今言ったような「学問的」なアプローチをするならば、ある程度理詰めで論じることができるはずだし、経験豊かな多くの人に共通して支持される評価基準のようなものも存在する。それは必ずしも各自の好みとは一致しない。

乱暴に言ってしまえば、**おいしいものはおいしい**と、**わかる人ならわかる**のだ。たとえばフランス人の料理人なら、それまで食べたことはなくても、よくできた和食の味をちゃんと評価するはずだ。

味談義は、とかく好みや自己満足の好き勝手な展開になって人を辟易とさせたり、あまりにも文学的になって人を煙に巻いたりするが、ここではごく基礎的なことだけを押さえておくことにしよう。

まず、生理学的研究と分析によれば、味とは舌の表面に分布する**味蕾**という組織にある味細胞というものが感じ、脳に伝えて認識されるもので、基本的には**甘味、苦味、酸味、塩味**の四つの基本味と、もうひとつ「**うまみ**」と呼ばれるものの混合だと考えられている。

なんらかの薬品で基本味に対するのと同じ生理的反応を起こさせると、人は糖分や酢がなくても甘い、すっぱいと感じることになる。これが人工の甘味料だ。「塩辛い」についても、いいものができると、腎臓病患者には救いとなるだろうが、まだないようだ。

古くから、味の基本は**苦・酸・甘・辛・鹹**《かん》(塩味)・**淡**からなる「**六味**」といわれたが、このうち「辛」は触覚の一部であることがわかったので、現在では基本味から外された。日本語にはさらに「渋い」という表現もあるが、比喩ではなく、味を表すことばとして用いるなら、これも味覚ではなく、触覚に属する刺激だろう。

六味で「淡」と呼ばれているのは、それ以外の五味を加えてない味、とされるが、のちに「うまみ」として確認される味と相通じるものと考えられる。

「うまみ」はグルタミン酸ナトリウムやイノシン酸などが作り出すもので、日本ではかなり以前から存在が主張されてきたが、生理学的裏づけがなされて世界的に認められたのは、そう古い話ではない。日本式の「だし」の中心をなす味だ。

これが味覚と呼ばれるものの基本構造だが、料理の問題となれば、もちろんこんなものではとてもすまない。これが基本だとしても、その組み合わせが作り出す結果は千差万別、複雑多様で、そう簡単に「科学する」ことはできないし、分類もむずかしい。

その微妙な組み合わせを作り出すのが名調理人であり、それをワイワイ論じて尽きることがないのがガストロノミーなのだから。

新鮮な食材だけがもつみずみずしいうまさや、ちょっと時間がたつと失われてしまう作りたての料理のおいしさ、なんて問題を科学的に解明するのは大変だろうが、そんなことには「科学的説明」なんて要らないよね。

味と触覚

ただ、ここで言いたいのは、私たちが感じる「味」には、味覚ではない感覚がいくつも大きくかかわっているということだ。早い話が、辛味は**触覚**が感じる刺激なのだ。だから鷹の爪を刻んだ指でまぶたなどをさわると赤くなってヒリヒリするが、まぶたが味を感じるわけではない。

しかし唐辛子や胡椒その他の香辛料をのぞいてしまったら、味を語ることなんてできなくなってしまうではないか。生理学的に味覚の分野の感覚ではないことを心得たうえで、辛味を味談義に加えないわけにはいかない。

触覚で感じる**温度**を味覚だと思う人はいないだろうが、温度が料理の味に与える影響が決定的と言えるほど大きいことは、誰でもわかっており、議論するまでもない。

その他、日本の味談義では触覚がきわめて重要な位置を占める。硬い、やわらかいから始まって、弾力性、粘着性などが、「**舌ざわり、歯ざわり、こし**」などとして意識され、いろいろな料理の評価の際に表現される。

口の中の食感を表す擬態語・擬音語は数多い。ざっとあげても「あっさり、かりかり、ぐにゃぐにゃ、こってり、さくさく、さっぱり、さらさら、しこしこ、しゃきしゃき、じんわり、つるつる、とろり、ぬるり、ねっとり、ぱさぱさ、ぱりぱり、ふかふか、ほくほく、ぽりぽり」などがある。このうち「あっさり、こってり、さっぱり、じんわり」などを除くと、圧倒的に多いのは触覚を表す表現なんだな。

「さくさくの新玉ねぎ」「ねっとりしているのに淡白な白子」「ほくほくの焼き芋」などの表現では、私たちの食感のいかに多くが触覚に左右されているかがわかる。

私たちは麺類にはしっかりとした「こし」を求めるし、茶碗蒸しにはとろけるような「舌ざわり」を求める。茶碗蒸しに「す」が入ってしまったら、材料と調味料はまったく同じでも味はまるで違ってしまう。

触覚を重視するのは日本料理だけではない。イタリアのパスタでは、アルデンテ（歯ごたえのある状態）が大事とされる。シナ料理で珍味とされるフカのひれにしてもツバメの巣にしても、じつは材料自体には何の味もないのだよ。

あのみごとな味は鶏がらだしその他から入念に作り出されたもので、ひれと巣は歯ごたえを作り出しているにすぎないのだ。もっともあの手の料理が珍重される背景には、自然界に希少な食材には特別な力がこもっているとする、シナ独特の食物思想があるのだけど。

あまり味の構造を気にしたことがないふつうの人の多くは、これらの触覚の問題を味覚自体の問題だと思っているのではないだろうか。食の随筆はもちろん、ときには料理の本までも、触覚の問題と味覚の問題を混同して扱っている。いずれも最終的な味の評価には欠かせないのだから、それでもいいとも言えるが、無知のまま自分の感じだけを振り回すのでは「教養」ということばが泣くよ。

味と嗅覚

嗅覚が味覚に大きな影響を与えることは誰でも知っている。風をひいて鼻が詰まると、食べ物の味をちゃんと感じとれなくなるからだ。鼻が詰まったままでワインの鑑賞ができるはずがないだろ。

また、スパイスの多くは辛味であり、嗅覚にも働きかけるものだが、あれは総合的な「味」に大きく作用する重要な食材なので、あれを無視したらインド料理などのスパイシーな料理は語れなくなってしまう。

日本人にはスパイス類が苦手な人が少なくないが(和食ではあまり使わないからだろう)、シナ料理やトルコ系料理だけでなく、ヨーロッパ料理も、現地で食べるとかなり香料が効かせてある。

聴覚と視覚は味に直接関係しない。間接的には、みごとな盛り付けは食欲をそそるし(視覚の分担)、美しい旋律も食欲を増進させるから(聴覚の効用)、無関係とは言えないだろう。しかし、そんなものまで加えたら、話にとりとめがなくなってしまうからやめよう。

さて、料理の味は今述べた**狭義の味覚と広義の味覚**が複雑に重なり合って合成される。材料が単一で、調味料を使ってないはずの食物、たとえば生野菜とか、何も加えないご飯とか、牛乳だって、どうしてどうして、なかなか豊かで複雑な味の世界ではないか(これが「淡」だ)。五味くらいではとても言い表せない。

だから、まずコチコチに干して(椎茸やスルメでわかるとおり、干すとうま味が強くなる)、また長時間水に戻してから、さまざまなだしを加えてじっくり煮こんだあわびだとか、骨や何種類もの香味野菜を煮込んだうえであくをとって濾したコンソメスープだとか、さまざまな材料を煮出して混ぜ、ワインなどを加えたフランス料理の各種ソースだとかいうことになると、「味覚の基本は五種類」なんて知識はたいして意味があるとは思えなくなってくる。

ただし、こうした味覚の分析の結果、「**うまみ**」というものの存在を意識できるようになったことは、昔から「だし」としてなじみの深かった日本人以外の人には、役立っただろうと思われる。

大事な「あぶら味」

そこで、もうひとつ想定したいのが「**あぶら味**」だ。多くの人は食物に油（脂）の味が加わると、おいしいと感じる。てんぷらのカスを入れるだけでうどんが急においしくなる（タヌキうどん）のも、油のなせる業だ。

山菜や木の芽などをてんぷらにするとおいしいのは、苦味の勝る山菜の味をまろやかにすると同時に、「ころも」だけでもおいしいと思わせる油の働きが加わるからだろう。

京都のおばんざいの中にも、油揚げを入れるものが多い。お好み焼き、たこ焼き、焼きそばなどは、基本的には小麦粉に油をまぶして加熱した味だ。霜降りの牛肉が好まれるのも、近年になって豚肉の肩ロースの人気が高まったのも、肉質の間にほどよく混ざった脂身のせいだ。

オーストラリアでは、従来はなかったあぶら味の多い霜降りの肉をもつ牛を大規模に飼育し、なんと「ワギュウ」というブランド名で世界に売り出している。うかうかしていると、日本特産だった霜降りの牛肉は世界の高級肉市場からはじき出されてしまう。

また、近年日本の養豚で広く用いられるようになった豚の品種は、昔と違って、脂身の混ざる「肩ロース」部位の比重が高いものだ。

まだ認められるには至っていないが、一部の研究者は「あぶら味」は「うまみ」に次ぐ**第六の味覚**ではないか、との仮説を出している。動・植物の脂肪分は、ちょうど「うまみ」と同じように、基本四味の混合に影響して味を豊かにする味覚のひとつだというのだ。

味細胞から脳への伝達経路の諸問題がまだ解明されていないので、新たな味覚だと認められてはいないが、仮に生理学的に証明できなくても、「あぶら味」というものを設定することは、総合的な味覚を把握するうえではとても有効だと思う。

「あぶら味」は他の多くの味と混ざり合い、全体を引き立てるという点で、「うまみ」とよく似ているが、「うまみ」の一部ではない。「あぶら味」の働きは、誰もが感じ取り、しばしば「甘い」と表現される(マグロのトロや霜降りの牛肉など)。

この表現は「甘い」と「うまい」がもともと同じ語であった日本語だけの問題だろうか。糖分に無関係の食べ物でも、「甘い」といわれると、私たちは妙に納得してしまうんだよね。ある種の塩や清水を甘い、という人さえいるではないか。

いずれにせよ、広い意味での「味覚」の中にこの「あぶら味」を加えるのは、味の複雑さを意識してとらえる上で、また自分の料理にそっと隠し味を入れる際に、とても有効といえるのではないだろうか。

栄養

人間は生きるために必要な栄養とカロリーを食物を通して摂取している。だから、日常の食生活を組み立てる際に、栄養面での配慮が必要なのはいうまでもない。

しかし、栄養管理が必要な病人を抱えているのでないなら、毎日栄養士のようにカロリー計算などの表を作る必要があるだろうか。それが楽しいのならやってもかまわないが、そんなものを出発点として、おいしい、楽しい食生活に行き着くかしらん。

なるべく新鮮な食材を使うこと、各種添加剤を避けるために加工度の高い食品や、できあいのおかずはあまり買わないこと、肉・魚・野菜・果物・でんぷん質などを満遍なくとること、味付けは薄めにすることなど、常識とされていることを守れば十分ではないか。

ロシアの稀代の料理研究家ウィリアム・ポフリョープキンは「栄養学は医学の一部であって、料理に関する学問ではない。料理で一番大切なおいしさにふれないで、何が料理に関する学問か」と書いている。

ここでは生命の維持と健康の増進に不可欠な食物の話ではなく、生活を豊かに楽しむための料理の話をしているのだから、「おいしい」のほかには、栄養ではなく「楽しい」ことを大事にしたほうがむしろよかろう。

毎日の栄養記録をつけたり、栄養補給の側から献立を作ったりするのは、病人のためにすることだ。「いろいろなものを、好き嫌いなく食べるように心がける」という健全な常識を守れば十分だ。

強いて付け加える点をさがしても、現在では常識化したものばかりだ。特定のものばかり続けて食べないとか、加熱のしすぎは避けるとか、一回の食事（コース）もバランスのとれた構成にしたほうがよいとか、特に最近なら栄養やカロリーの取りすぎを避けるとか、塩分、糖分が多すぎないように気をつけるとか。こういうことはどれも「おいしくする」努力と大差ない。

各国の料理のメニューを見ていると、栄養面での気配りもされているらしいことが感じられるし、文化人類学が伝える各民族の食生活は、長い間の知恵で、栄養面からも合理的になっていることが多いようだ。だから、おいしい料理を求める今回の話では、栄養の面にことさら注意を払う必要はないと思うよ。

ただ、世界の料理に目を向けると、民族差は大きい。イタリア人やドイツ人と同じ食事を毎日続けたら、ふつうの日本人は栄養過多になるだろう。インド人やタイ人が好む辛さに私たちはついていけないし、無理をしたら身体をこわしそうだ。多様な料理は楽しいが、無理をすることはない。

アームチェア・ガストロノミー

冒険と探検

本式に調理の訓練を受け、実践を重ねたわけでもないのに料理について語れるのか。名料理といわれるものを食べた経験が乏しいのに、食を語れるのか。そう言われると弱いね。もちろん調理の経験も食べる経験も多い方がいいに決まっている。

だけどね、ふつうの人間が超一流の料亭に通ったり、フランスにまで出かけて行って星の付いたレストランを食べ歩いたり、一流料理人の調理場をのぞいたり……そんなこと、できるわけないじゃないか。

ではふつうの人間には、美味を作り、論じる楽しみは禁じられているのだろうか。そんなはずはない。それでは人権蹂躙《じゅうりん》だ。交通と情報流通が発達した今なら、アームチェア流儀でもちゃんと人権を主張できるのだ。

誰だって可能な範囲で夢を追い、疑似体験はするが、残りは知識で補なうことで、豊かな料理の世界に触れてみたいではないか。でも、どうやったらできるのだろうか？

たとえば**冒険・探検**と比較してみようか。世界の秘境や高山にあこがれても、実際にはなかなか行けるものではなく、その記録を読んだり、写真を見るだけにとどまる場合が多い。本当に出かけて体験しようと思ったら、生半可ではない訓練をしなければならないし、お金や覚悟も必要だ。

ふつうの人は、自分ができるささやかな範囲なら実際にもやってみるが（たとえば国内のあまりむずかしくない山へ登ったり、スイスへ出かけて観光コースに入っているアルプス・トレッキングをするなど）、本格的な冒険・探検となるとやはり敷居が高い。

それでも冒険や探検のある部分ならば、本と映像でそれなりに楽しめるではないか。料理だって同じだよ。しかも、探検と違って、そうして得た知識を試してみることもできる。

秘境や極地ではなく、ふつうの外国観光旅行くらいなら誰でも実行できる。ただ本当のことを言えば、そんなことでは外国の本当の姿には迫れないね。並のツアーに参加したくらいで経験・実感できるものは限られているからだ。

イグアスの滝とかモロッコの砂漠のような自然の景観は、今では観光地となっているから、かえって苦労せずに実物を見ることができる。ただ、人々の生活や積み上げられてきた文化の結果である料理を知ろうとなると、行ってみるくらいではすまないし、本当のところまではなかなか見せてもらえない。

本やテレビ番組、つまり商品になっている文字記録や映像記録が描き出すのは、探検や冒険の場合でなくても、豊富な知識と経験を背景とし、金のかかった下調べの取材と念入りな演出を駆使してやっと可能になる、ふつうではなかなか味わえない、用意周到に作りあげられた世界なのだよ。そうでなければ売り物にならないではないか。

ことばも知らずにちょこっと外国へ行って、それと同じような経験をしようとしても、それは無理だ。だから、本や番組をすなおに茶の間で楽しんだらよろしい。現地に行かなければ得られない**実感**のようなものもあるので、行けるのなら行くにこしたことはない、とは言えるけれど。

というわけで、私たちは誰でもかなりの程度、本やテレビを通じて冒険・探検や世界旅行をしている。つまり私たちは多かれ少なかれ「**アームチェア探検家**」であり、「**アームチェア旅行家**」なのだ。読書や映画鑑賞、テレビが楽しい理由のひとつは、このような「アームチェア活動」を可能にしてくれるからなのだ。

アームチェア・ガストロノミーも同じことだ。ミス・マープルと違って私たち「安楽椅子派」だって、食いしん坊ではあるのだから、現場接近に少なからぬ欲求を……もってはいるのだね。ただ、もってはいても、諸般の事情からその実現がかなわないので、やむを得ず、うちにすわっているのだ。

それならば、現場体験はできる範囲のことで満足することにして、残りはせめてアームチェア式に楽しみたい。料理の世界は広く、奥深いので、アームチェア方式でやろうとしてもなかなか手ごわいが、こんなふうにしておじさんが得たものを美沙ちゃんに伝えようというわけだ。

それを、きみがさらに広げて、自分の台所と「サロン」、そして食べ歩きに生かすならば、アームチェア型知識も命を得ることになる。

料理の「相対性」理論

メニューと料理

もうひとつ、料理に関して確認しておきたい基本が料理の「相対的な」性格だ。自分で料理をしたことがないため、それが特別な技術を要する何かだと考えている人(世のオジサン族)は、料理というものには名前がついていて、ひとつずつ別個に存在している、食い物屋のメニューのようなものだと思っている場合がある。

たとえば、そういう人たちにとっては、肉じゃがとコロッケはべつの料理だし、肉野菜炒めと中華丼は二種類の料理だ。

外の食い物屋の場合は、それぞれ別扱いしなければ商売の収拾がつかなくなるから、そうするのは当然だ。プロの調理人は、そういう世界で働く人たちだから、区別がきびしい。

それに、複雑なレシピをきちんと守らなければできない、由緒正しい料理はいくらでもあるし、名前とともに固定した味が確立されたものもあるから、名前をつけるのも、しっかりと境界線を引くのも、もっともだ。

ひとつのレストランや料亭のメニューの品数はふつうは限られており、味もシェフが決めるのだろうから、新入りのコックはおそらく、それをひとつずつ、きっちりとマスターしていくのだろう。

しかしいっぽうで、プロは修行を重ねたうえ、厨房にいる時間が長く、調理の全貌がわかっているから、途中の過程で何かをいくつものメニューに「使い回す」こともできる。

安い店の例でいうなら、忙しい昼には野菜炒めなんてある量まとめて作っておいて、豚肉を四、五切れ炒め、できている野菜炒め一人前を追加加熱して皿にのせれば「肉野菜炒め」になり、同じく豚肉少々、小エビを二つ、ウズラのゆで卵をひとつ足して、片栗粉であんかけにして、ごはんにかけると「中華どんぶり」になるのだ。

途中まで調理しておいた食材を実際に使い回すことはしなくても(味が落ちるからね)、「この料理のここまでは、あの料理と同じだ」とか「あの料理ではああするけど、今回はこうする」などと、頭の中で考えるのが、「使い回し」という表現で言おうとしたことだ。

こう考えれば多数のレシピを「足し算」的に覚えこもうとする誤った構えから脱することができる。

主婦の中には、母親から受け継いだ作り方をいっさい変えようとしない人や、これまでに身につけた調理法を忠実に守ろうとして、硬直しちゃっている人を時折見かける。新しい料理にぶつかっても「あたしはやったことないから、できない」というのだ。

そんなことはないのだよ。なんだって見よう見まねで、融通無碍《ゆうずうむげ》にやってしまえばいいのだ。レパートリーを広げる、というほどおおげさなことではない。最初はうまく行かないこともあるかもしれないが、二、三回繰り返せばうまくなる。

料理の原則

さて、家庭の料理。これは、プロが名前をつけて自分の店のメニューにのせ、客から金をもらう一品とはやや違うものだ。もちろんデタラメではできないけれど、料理にひとつずつ名前をつけて、何種類作れるか、なんてことではない。

ふだん作っているものなんて、名前のつけようがないものだって多い。違う料理だと思い、作り方が別々だと考えて、いちいち料理の本を見るのでは、イヤになってしまうだろ。あんなにたくさんの料理のレシピを全部覚えなければいけないのか、と思ってしまう。

調理法というのは、名前のついた料理の種類だけあって、完成品という頂上に向かって、そのたびに山のふもとから登っていくようなものではない。煮る、焼く、揚げるなんて調理法が、そんなにたくさんあるはずがないではないか。大部分は重なり合っているのだ。

だから、家庭の調理人が身につけなければならないのは、個々のレシピではなく、料理の原則というか、**共通の法則**なのだ。

毎日の食事を作る主婦は、多かれ少なかれ、自然にそうしているが、この点に関しては、絶好の解説書が存在している。玉村豊男の『**料理の四面体**』(文春文庫)という本だ。この本は最後のまとめとして、調理の基本となる材料と火と媒体の関係を四面体になぞらえて説明している。

いちばん面の少ない立体が四面体だ。四つの正三角形からできているその姿を頭に描いてごらん。この四面体の底辺の三角形を生ものの世界とし、てっぺんに調理の原動力としての火をおき、底辺の角と頂点を結ぶ三本の稜線を、材料に火力を届ける媒体、すなわち空気、水、油と規定する。

空気を媒体にした場合はふつう直火焼きとかグリルと呼ばれる調理法となる(ほとんどの場合、あれは空気を通しているのではなく、輻射熱なのだけど)。水なら煮(ゆで)物、油なら揚げ物(フライパンで焼いたり、炒めたりするものもふくめて)ということになる。

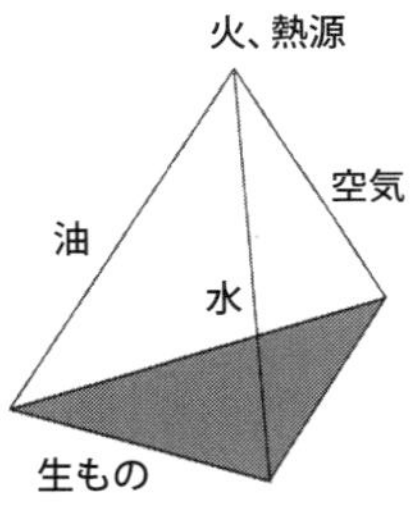

下（生の状態）から上に上がるにつれ、高温で長時間調理することになり、頂点までいくと火と合体して、燃えてしまうことになる。

このように規定するとすべての料理が、この四面体のどこかに位置づけられることになり、中華料理とフランス料理の差は調味料と香料の違いになってしまうという、画期的・総合的な料理のグランド・セオリーだ（ご本人はそう称していないが）。

たとえば、豆腐はすでに加工品だけど、これを材料と考えると、空気を媒体にして焼けば田楽、さらには焼き豆腐となり、水を媒体に加熱すれば湯豆腐となり、それにべつのものを加えればマーボー豆腐となる。油を使えば揚げ出し豆腐、さらには油揚げになる。

この理論は材料と加熱方法の関係だけを分析したもので、調味料・香辛料の役割や、ほかの材料との混合などについてはふれない、いわば**調理の基本原理**だ。現実の料理はもっと複雑だから、これですべてが解明されるはずはないが、いろいろな料理ができあがってくる基本的なからくりをみごとに解明している。あとは調味料や組み合わせや、細かいくふうを加えることで、実際の料理となる。

こんな簡単な説明では、何のことかわかりにくいかもしれないが、妙に縮めて解説するより、その本を読む方がはるかにおもしろいし、ためになるから、ぜひ読んでごらん。

この四面体の理論部分は巻末におかれていて、じつに刺激的・啓発的なのだが、この本を、実際に料理を作ろうとしている初心者のための解説書と見るならば、その前に書かれている具体的料理法の数々のほうが、すぐに実際の参考になるだろう。

刺身はサラダ

この本では個々の料理の作り方が、その一品限りの話ではなく、よそでも十分に利用可能な、原則的・構造的な説明になっている。だからしろうと料理人にとってはじつに便利な本だね。

四面体を使って材料と火（熱）の関係を述べる最終部分の前にある章には、加熱しない料理の説明がある。彼によればヨーロッパ風のサラダから日本の刺身までは**同じカテゴリー**の料理であって、材料の切り方、組み合わせ、広義のドレッシングの違いだけだ。

そういわれてみれば、野菜サラダから始まって、魚介類のマリネーやカルパッチョ、タルタルステーキ、ユッケ、日本の刺身などの差は、材料の選び方、切り方、混ぜ方そして調味料だけの問題ではないか。

もちろん、細かい差はあるし、それぞれに気を配らなければおいしくはならないが、日本風のアジのたたきも、フランス風の鮭のマリネーも、イタリア風の牛肉のカルパッチョも、別々の独立した料理とは考えずに、同一カテゴリーのものとして取り組むことができるというのだ。なーるほど、愉快じゃないか。

フランス料理をはじめとするヨーロッパ料理に見られるバラエティー豊かな**ソース**も同様だ。各ソースを足し算のようにゼロから作るのではなく、まとめて整理する。

ホワイトソース、クリームソース、ワインソース、シャンピニオンソースなどのソースの種類を縦に書きならべ、横に材料、つまりブイヨン（だし）の種類、ルー、塩・こしょうなどの調味料、バター、たまねぎ、ワイン、茸などの材料をならべた表を作り、使用するものに印をつけると、あまり大きくない表の中にかなりたくさんの種類のソースの成分が網羅できるだけでなく、差がどこにあるかもわかりやすくなる。

肉を炒めたあとのフライパンに〝汁〟を入れて油脂・肉汁をこそげ落とし混ぜ合わせることをフランス料理の言葉で〝デグラッセ（霜とり）〟と称するが、デグラッセする〝汁〟のほうはワインでも生クリームでもブイヨン（出し汁）でもなんでもよい。つまりこの汁を変えることだけでさまざまな種類のソースができることになる。

ワインでデグラッセすればワインソース。

生クリームでデグラッセすればクリームソース。

この伝でいけばあっというまに**ソースのレパートリー**（太字は印用者）が増えることはもうわかるだろう。

こんなことはあたりまえのように思えるが、よそにはこういう説明はあまりないよ。ひとつずつの料理の作り方と、それぞれの「ソースの作り方」として出てくるのだ。

料理の本の説明はどれも個別的で、いくつか覚えようと思ったら足し算をするしかないけど、玉村はそれを、手間を省く掛け算、または記号を使う代数のようなものにしたのだ。

こういう考え方と方法は他の料理、たとえばスープ、シチュウ類などに容易に応用できる。このように料理の作り方を構造的にとらえ、その相対的で流動的な性質を理解すると、バラバラのレシピの収集・記憶という呪縛から解放される。

メニューやレシピの数だけの料理があるのではない。境目はもっともやもやとしている。**百種類のレシピを覚えなくても百種類の料理はできる**のだ。

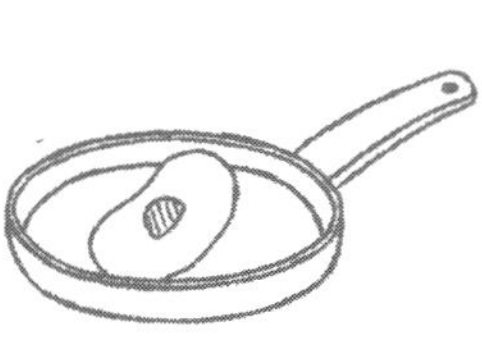

Chapter

2

フランス料理とガストロノミー

メシを食う人、作る人、
そのまた次第を語る人

ガストロノミーはフランス生まれ

フランスだけ

料理に関する「学」に挑戦しようというのだから、まず、西洋料理の中心であるフランス料理を見ることにしよう。和食の性格は、このスタンダードと比較すると、むしろわかりやすくなる。

フランス料理に関する本は日本にも無数にある。作り方を説明したもの(調理技術書やレシピ集)とレストラン談義を除いても、フランス料理はおよそあらゆる視点から、微にいり細をうがって紹介され、論じられている。

そんな中で、美沙ちゃんに伝えたいのは、世界の料理全体の中でフランス料理が占める**特別な地位と特徴**だ。なぜフランス料理は西洋料理のスタンダードとなり、これほど世界中で敬意を払われるのか。

イタリア料理、スペイン料理、ドイツ料理なども、それぞれ料理としてりっぱなものだと思うけど、日本でそれを扱うものは、調理法(レシピ集)と旅行案内書のレストラン案内以外にはあまりお目にかからない。

歴史をさかのぼって論じられることとか、有名シェフの話なんてめったにない。ハプスブルグ家宮廷の豪華な設宴の様子が語られるくらいではないだろうか。

だけど、ガストロノミーとともに発達してきたフランス料理に関しては、日本にもこまごまと伝えられている。たとえば料理の歴史に残る、フランス料理を変革したシェフの名前だとか、私たちが行けっこないような超一流レストランの名前なんて、実際に料理をするうえからは必要のない知識かもしれないけど(プロは別だよ)、情報として伝わってきているから、いやでも耳にする。

そもそもフランス以外の国の調理人の名前なんて、私たちは知っているだろうか、知る必要があるだろうか。でも**アントナム・カレーム**とか**オーギュスト・エスコフィエ**とか**ポール・ボキューズ**なんて名前や、**ヌーヴェル・キュイジーヌ**という運動についてなら耳にしたことがある。どうしてだろう。

近年、一般的な人気という点からは、日本だけでなく世界各地でイタリア料理に首位の座を奪われたみたいにも見えるけれど、ヨーロッパ料理をここまで引っぱってきたのは、やはり何といってもフランス料理だ。フランス料理の高度な水準と国際的名声が確立するまでにはいろいろな経緯と理由があった。

その背景にはもちろん、フランスという国の総合力と、文化水準一般の高さがある。しかし国力という意味では、時期にもよるけど、イギリスのほうが上だっただろうし、ドイツ、イタリアなどの文化水準がフランスより低かったなんていうことはできない。

ただ、フランスが獲得した文化的な権威と地位は格別で、たとえば、フランス語は一九世紀〜二〇世紀にかけて世界共通語とされた。また外交世界や上流階級の各種エチケットやマナーもフランス式が規範とされ、それは今に至るまで続いている。

食いしん坊でおしゃべり

だけど、それよりも大きな役を果たしたのは、フランスの食文化自体がもつ、他国には見られない特徴だ。なによりも、フランス人というのは王侯貴族から庶民に至るまで、伝統的に食卓に贅をこらし、おいしい食事をすることに格別な価値を認めるだけでなく、**論じ**てもきた。多くの国の過去の歴史に見られる食に対する蔑視は、フランスには少なかった。

やさしく言ってしまえば、フランスというのは年季の入った食いしん坊大国であるうえ、食い物に関するおしゃべりの盛んな国なのだよ。だから**フランス人は「生きるために食べるのではなく、食べるために生きている」**と言われたりする。フランス料理はそんなフランス人が育て、磨き上げてきたものなのだ。

上流階級から一般庶民までのすべての人が、これほど手放しでそれぞれ美味追求にいそしんだ国民はないのではないか。しかもそれに対する**研究**（つまりガストロノミー）に関しては他の追随を許さなかった。

フランス農村地帯の食材に関するこだわりや、ワイン作りへののめりこみを聞いて、「こんなことばかり気にしていて戦争に勝てるわけがない」と言われるのも、もっともと思える。

フランスが文学、美術、音楽、映画などの芸術分野できわめて高い水準をもっていることは誰でも知っている。料理文化も、世界を制覇したといってよい。

もちろん、世界中がフランス料理に染められてしまったわけではないが、高度に洗練された宴会の内容と様式を確立したのはフランスだ。日本の皇室が賓客をもてなす料理も様式も明治以来フランス式であり、フランス料理だ。

そしてフランス人はフランス料理を自国文化全体の高い水準を示す象徴だとして、それに特別な誇りを抱いている。フランス大統領が外国元首や首脳をもてなす**エリゼ宮の宴席**（あとで紹介する）が今のような形になったのはさほど古いことではないが、あれはフランスという国の文化を世界に向かって示す場なのだ。

元首や首脳が主催する食事会は外交上の重要な儀礼だから、どの国でも大事にしているが、フランス大統領官邸エリゼ宮の宴席は別格の権威をもっているようだ。

これがガストロノミー

そのようなフランス料理は、上流階級の美食願望や料理人のくふうと努力だけで成り立ってきたのではない。そういうものならどこの国にだって存在したはずだ。

ところがフランスでは、前に言ったとおり、料理人自身と彼らの主人のほかに、ガストロノームと総称される**文化人・評論家**が調理方法を科学的なものとし、その味と美を追求し、美食文学・美食批評を生み、併せて総合的な料理文化であるガストロノミーを発達させた。これによってフランスは、その高い水準と国際的評価を確立したのだ。

フランスのレストランには、客とコックのあいだに**メートル・ドテル**(maitre d'hotel)と呼ばれる人がいる。現在ではレストランの給仕長とされているが、かつては、主人の命令と好みを聞いて材料の調達から献立作り、料理人への注文までこなす役目を負い、テーブルをととのえ、料理の順番、盛り付けにも責任をもつ、**総合的プロデューサー**だった。

この伝統が残っているから、メートル・ドテルを単なる給仕係のトップだと思うのは誤りで、客に対する「主人側」の舞台監督だと思ったほうがいい。

似たことは**フランス・ワイン**の発達に関しても言える。フランスのワインは、作り手の技術の発達と飲み手の要求だけではなく、ガストロノームによる批判や分析によって、他国では見られない分類や価格体系を作り出した。

ワインを作り、楽しむことなら、イタリア、スペイン、ドイツだって必ずしもひけを取るものではないと思うが、フランスとそれ以外の国では何が違うのだろう。

フランス・ワインをめぐる世界中の喧々諤々《けんけんがくがく》の議論を作り上げたのは、ワインそれ自体だけでなく、料理との相性の吟味や、銘柄間の微妙な違いを論じるガストロノームではなかったのだろうか。彼らはフランスのワインについて、気候、土壌、品種、伝統などが混ざり合う**「物語」**を作り上げ、その**イメージ**を消費者に伝えたのだ。

フランスの高級レストランには**ソムリエ**という、作り手と飲み手の中間に立つ専門職が存在する。多様なワインを網羅する自店の在庫一覧表（ワインリスト）を示し、取る料理に合ったワインを客に推薦し、助言する人だ。これもフランスの料理世界が生み出したものだ。

ソムリエこそワインの世界のメートル・ドテルであり、この世界の典型的なプロのガストロノームということができるだろう。フランスではソムリエは国家試験による資格なのだ（今ではイタリアもそうだが）。

イタリア、スペイン、ドイツその他のワインだってたいへんおいしいが、「物語」があまりない。少なくとも世界的に知られていない。「物語」がないとブランドは生まれない。だからこれらの国でワインはそれほどうるさく分類されず、値段の差もフランスほど大きくない（フランスの影響で近年はだいぶ変わってきたようだが）。

フランス・ワインの複雑な評価と大きな価格差はかなりの部分、ガストロノミーの発達、「物語」の有無、すなわち付加価値のつけ方によっているのではないかと思わずにはいられない。

別の言い方をすれば、フランスのワインは二〇〇年以上も前から、ストーリー性を備えた総合的**ブランド・イメージ**の創出と普及に成功して、今日の特別な地位を築いたのだ。そういう世界があるからこそ、手間をかけて高価なワインを作っても、もとが取れるのだ。ブランド・イメージが重要なのは、衣料品、装飾品、化粧品の世界だけではない。

ガストロノミーが築いた水準と権威

歴代の一流料理人たちがすぐれた**調理教科書**を執筆・刊行したのも、そのような要請が社会的にあったからだろう。料理人がフランスで古くから高い社会的地位を与えられてきたということは、ガストロノミーが発達した理由のひとつであると同時に、その結果でもある。社会の要求がシェフを単なる調理人でなく、ガストロノームにしたのだ。

美食を楽しむことは王侯貴族から始まって、中小の貴族・地主、ブルジョワジーへと拡大してゆき、さらにその他の富裕市民や富裕農民の階層、そして国民一般にまで広く浸透していった。その変遷の中で調理人は、よその国とは比較にならぬほど敬意を払われる存在だったのだ。

何回も繰り返すけど、調理法やワイン醸造技術の発達、美味の追求という点ではイタリア、スペイン、ドイツなどにもそれぞれの伝統と高い水準がある。しかしフランスにおけるこうした**総合的ガストロノミー**の発達はよその国ではあまり見られなかった。

そしてフランス料理の水準と権威の高さはこのガストロノミーなしには考えられない。高級料理の作り手（生産者）、その受け手（各時代の消費者）を結びつけたのがガストロノーム（解説者）だったのだ。

フランスが昔から料理先進国であったわけではない。たとえば、一五三三年にフランス宮廷、のちのアンリ二世にフィレンツェから嫁入りしたカトリーヌ・ド・メディシス（プロテスタントを弾圧した「黒い王妃」として歴史に名を残した）が連れて行った料理人やお付きの人たちがフランス宮廷の食文化を著しく向上させた、と言われる。当時、料理をふくめた文化先進国はイタリアだったのだ。

しかし、文化・芸術の他の領域同様、料理はフランス宮廷や貴族の間でめざましい発達を遂げていった。料理に関しては、特に一九世紀初め、革命が終わって社会構造が変わると、高級料理の消費者層が広がり、近代フランス料理の発達が始まった。

旧体制時代の王侯貴族の下でも美食は追求されたが、多くの人（初めはおもに新興ブルジョアジー）に美味が開放された結果、それまでの実技と文献による調理伝統が集大成され、伝えられた。

ちょうどその時期に、近代料理文化に欠かせない基本的施設である**レストランの開設**が爆発的な勢いで進んだ。大革命で古い貴族階級が没落した結果、職を失ったお抱え料理人が次々に独立開業したのだ。

大革命以前には一〇〇軒に満たなかったパリのレストランが一八〇三年には五〇〇軒に、三〇年後には三〇〇〇軒になった。

こうして近代フランス料理の世界が花開いた。人々はもっと昔から居酒屋やはたごで飲食をとってきたけれども、それと近代的なレストランとはまるで違うものだ。生活上必要な設備と、新たな空間と価値観で高級料理の美味を楽しもうとする設備の違いだ。

日本でも、江戸時代末期の江戸や京都における高級料亭はそういうものになっていた。この事実は日本の高級料理の提供システムと、消費者層の水準が鎖国終了以前からかなり成熟していたことを物語る。

有名シェフとガストロノミー

神話と伝説の時代

どの国でも、料理の歴史は比較的新しい（シナは例外だ）。いやもちろん、太古の昔から人間は何かを食ってはきたのだが、今でいう料理文化が豊かになったのは、そう古いことではない。どこでも昔は材料が限られており、調理法も未発達で、かなり粗末なものを食っていたらしい。特に庶民階級の食生活は質素で単純だった。

古代ローマ帝国では、かなり料理が発達し、それを楽しむ宴もさかんに開かれたようだ。ローマの安定した社会経済体制、そこにおける文明の成熟、享楽的なローマ人の性格、などを考えると、かなり高い水準をもっていたらしいが、文書や彫刻と違って「生き物」である料理は、一度断絶してしまったら生き返らせることができない。

フランスでさえ近代的な料理が本格化したのは一八世紀末からだ。それより古い時代の食文化も文献的にたどることはできるが、正確な資料はあまりない。

昔のことは実態がうかがい知れないので、現在の料理に生かす参考にはあまりならない。料理に関しては二〇〇〇年もさかのぼると「神話と伝説の時代」なのだ。

フランス料理の歴史はふつう、時代を画した偉大なる調理人の名とともに語られる。「神話と伝説の時代」でさえ、残っているのは料理人の名前なのだ。その最初の例は**タイユヴァン**の名で知られる王室の料理人とされる。

なんと一四世紀後半の人だ。彼はフランス最初のレシピの本を残した。そこに書いてあるとおり作っても、現在では食えたものではないらしいが、タイユヴァンの名前は神話的栄光に包まれており、現在でもその名前を冠した一流レストランがパリにある。

太陽王ルイ一四世の時代（一七世紀）に生きた**フランソワ・ヴァテル**も、フランス料理史上に輝かしい伝説と逸話を残した。パリの南東七〇キロほどのところにヴォー・ル・ヴィコント城という美しい名所があるが、彼はそれを建てた王室財務官ニコラ・フーケのメートル・ドテルだった。

フーケはその宮殿にルイ一四世を招待し、ヴァテルに料理をさせた。太陽王は自分の王宮より豪華な宮殿（ヴェルサイユ宮殿が建設されたのはその後のことだ）を見て怒り、公金横領の罪でフーケを逮捕、終身禁固刑に処してしまった。

ヴァテルはその後、やはり権勢をふるったコンデ公に仕えて、シャンティイ城（パリの北約七〇キロにある、これまた有名な観光名所）で腕をふるった。ここでふたたびルイ一四世を迎えての饗宴が開かれることになり、ヴァテルがその指揮をとった。

ところが宴会の当日、予定された鮮魚が届かず、面目を失したと感じたヴァテルはみずから剣で心臓を貫いて自決したと伝えられる。まるで日本のサムライみたいだ。

この人の実際の料理への貢献が何だったのかはあまり知られてはいないらしいのだが、フランスにおける料理人の社会的地位と誇りをよく示す例として語りつがれた。まさに「神話と伝説の時代」の人物だ。

革命と料理

神話・伝説はもう切り上げて、近代の話に移ろう。フランス革命とナポレオンの登場は世界の政治と社会を変え、歴史の区切りとなった大事件だが、じつは料理文化にとっても同じく、時代を画する意味をもった。

それまでの王様と貴族の支配が崩れ、おいしい料理が大勢の人に解放されたからだ。もちろん、大勢といっても金持ち階級（旧貴族の一部や新興ブルジョアジー）のことで、今のような大衆社会が急にできあがったわけではないけれど。

それだけではなく、おもしろいことに、フランス料理の発達には、革命による社会変革だけでなく、ナポレオンの側近がほとんど直接的にかかわっているのだ。ふつう近代フランス最初のカリスマ・シェフとされる**アントナム・カレーム**はフランス大革命のあと、社会が構造変化を起こし、フランス料理が本格的に発達し始めた時期に生きた。

料理人として華やかな経歴を重ねただけでなく、多数の料理に関する著作を残したのだが、わずか二〇歳のときにその才能を認めてメートル・ドテルにしたのはナポレオンの外交官**タレーラン**だった。

このタレーランというのは、知っているだろうけど、同時代のジョセフ・フーシェとならんで近代ヨーロッパ政治史を彩る曲者中の曲者だった。どちらも王政、革命期、ナポレオン帝政期、王政復古期という、権力をめぐって人々が血を血で洗った激動の時代の、どの時期にもトップ政治家として活躍した、というとんでもない名人芸の持ち主だ。

権力闘争の相手と諸外国を手玉に取った政治家・外交官のタレーランの早い時期からの得意技のひとつが、料理によるもてなしだった、というのはいかにもフランスらしい。

彼は美食を好んだだけでなく、社交と外交における宴会と料理の意味を十分に理解していた。そしてメニューと飾り付けに相手の心理を考えた贅をこらし、食材選びから飾り付けまで細かい指示を出したのだ。

カレームはそのもとで料理の質向上と宴席の演出に腕を振るい、タレーランはその宴会を政略と情報収集に存分に利用した。ナポレオン没落後の国家関係を話し合うはずのウィーン会議を連日の舞踏会にしてしまったオーストリアのメッテルニヒの外交策略は「会議は踊る」と評されるが、タレーラン外交はいわば**「会議は食べる」**だった。

メートル・ドテル、コック長としてタレーランの**「ごちそう外交」**を支えたアントナム・カレームは、のちにみずからのレストランを経営したばかりではなく、古典的大作『一九世紀フランス料理術』を出版し、新しいフランス料理の時代の到来をもたらした。

名声を獲得したカレームは英国摂政(のちのジョージ四世)、ロシア皇帝、オーストリア皇帝などのもとで働いたが、結局フランスにとどまり、一八二三年に実業家ジェームズ・ロスチャイルドの厨房につとめることになった。王侯貴族のもとから、新しい支配階級ブルジョワジーのもとへ移ったわけだ。

彼の転身は高級料理の主人階級が交代したことを象徴するできごとだった。ユダヤ系大富豪ロスチャイルドは豪華な食卓で、彼の上流階級への進出を認めようとしなかった名門閥の閉鎖性を突き崩そうとしたのだった。

近代フランス料理の始まり

それより少し前、フランス大革命直前のレストラン黎明期に、料理人**アントワーヌ・ボーヴィリエ**は宮廷風のメニューと演出を施した自分の本格的レストランをパリに開き、評判となった。ナポレオンの敗北でパリが占領された時期、ボーヴィリエのレストランは各国軍隊の将軍や士官たちで満員になったという。

革命後、彼がレストランを開いた**パレ・ロワイヤル**の一画は新しい客層を集めてにぎわう一方、貴族お抱えだったために失業したコックたちに働き場所を提供した。フランス料理の近代はカレームとボーヴィリエによって始まり、パリの本格的レストラン文化もこのときにパレ・ロワイヤルで始まったのだ。

一八二五年、医者であった**ブリア＝サヴァラン**（一七五五～一八二六）が、今でも広く読まれている古典的な『美味礼賛』を書いて、ガストロノミーを確立した。ブリア＝サヴァランは、**ガストロノミー**とは「栄養のうえから言って人間に関係のあるあらゆる事柄の整理された知識」と定義し、その目的は「できるだけよい栄養によって人間の生命保存に努めること」だと言っている。

このことばだけでは、何だか栄養学の定義のように思えるが、もちろんガストロノミーが対象とするのは、飢えを満たすため、あるいは必要な栄養をとるための食ではない。全編を読むと、この定義がきわめて含蓄深いものであることがわかる。

それは食べることに関わる膨大な知識・技術の集積であるにとどまらず、美的・知的価値の追求もふくめて、高度に洗練された**総合的な食文化の追求**なのだ。

さらに**グルマンディーズ**に関してブリア＝サヴァランは、「辞書に満足すべき説明はない」として、みずから「味覚を喜ばすものを情熱的に理知的にまた常習的に愛する心」だと定義する。そして「グルマンディーズは暴飲暴食の敵である。食べすぎをしたり、酔いつぶれたりする人はすべて、グルマンの名簿から締め出される」と言い、「どういう角度から見ても、グルマンディーズというものは賞賛と奨励とに値する」とまで言い切っている。

どちらも価値のあることだが、グルマンディーズというのは直接の飲食を楽しむせまいことがらを指し、ガストロノミーはその背後にある広範な世界に関する知識を指す、と彼は明確に書いている。

その後もフランスの料理法とガストロノミーは順調に発達し、数々の名料理人とガストロノームを生み出した。たとえば『モンテ・クリスト伯爵』や『三銃士』を書いた大作家アレクサンドル・デュマは、最後の仕事として一八七三年に『料理大事典』を執筆・刊行した。この傾向を後押ししたものは、すでに発生していたガストロノミーの武器となった料理ジャーナリズムだった。

料理とジャーナリズム

そういう流れの中で世界に名を馳せたのが、少しあとのことになるが、一九〇〇年に初版が出版された**ミシュラン**のガイドブックなのだよ。一目瞭然なので話題を呼ぶことになった、あの評価の星をつけ始めたのは、さらにあとの一九三三年からだった。権威を獲得したこのガイドブックは、ガストロノミーの導き手の役を果たした。

このように、ブリア＝サヴァランが骨格を与えたガストロノミーは一九世紀から二〇世紀にかけて、フランス料理の発展と共に充実した。一九二七年にパリでは「ガストロノーム大公」を選ぶ投票がおこなわれ、キュルノンスキーというペンネームの文筆家モーリス・エドモン・サイヤンが選ばれた。翌一九二八年には彼を中心として、アカデミー・フランセーズに倣って**「ガストロノームのアカデミー」**が開設された。

こうして多数のいわば**「食べることのプロ」**が誕生したのだ。レストランとガストロノミーはまさに花盛りとなった。

一九三八年にはそれまでのフランス・ガストロノミーの蓄積を体系化する**『ラルース・ガストロノミー大事典』**が刊行された。その編集・執筆に当たったのが、名調理人プロスペル・モンタニェだった。

第一次世界大戦後、パリ最高と言われたレストランを開業したモンタニェは天才肌のシェフだったが、経済観念をまったく欠いていたために自分のレストランをつぶしてしまい、晩年は貧窮の生活を送った。

この大事典はそれまでのフランス料理の知識と技術を集大成した画期的なものだ。フランスのガストロノミーはこれによってひとつの頂点を世に示した。

現代フランス料理の隆盛

一九世紀と二〇世紀をまたぐ時期に料理を近代化し、調理法を合理化してフランス料理の黄金時代を築いたのが**アウグスト・エスコフィエ**だ。その料理は現代フランス料理の基準となり、彼は「料理人の王様、王様たちの料理長」と呼ばれた。

彼はホテル王リッツと出会い、その系列の世界各地の大ホテルで、王侯貴族を初めとする上流階級のための料理を作って一世を風靡した。波乱に富んだ生涯の伝記は未だに読者をもち（日本では中公文庫）、その料理法の多くは、のちに改革されたといっても、現代フランス料理の基礎となっている。

その後、近代フランス料理は第一次、第二次世界大戦という受難の時期を迎えたが、レストラン文化は一時期を乗り越えると、前にもまして華やかさを取り戻した。ただ、こってりとしたソース中心の「正統的」料理は次第に時代と合わなくなって、ボキューズらのヌーベル・キュイジーヌの出現となり、フランス料理は大きな変貌を遂げることになる。

傑出した料理人であり、ゆるぎない権威のように見えたエスコフィエも、時代の子であることを免れなかったわけだが、世紀境目に今日まで続くフランス料理の体系の基礎を築いた功績は不朽といってよい。

第二次大戦をはさむ時期には、エスコフィエ以後二〇世紀前半の**三巨人**とうたわれたシェフが現れた。ブルゴーニュのコート・ドール県(県庁所在地はディジョン)に三星レストラン「ラ・コート・ドール」を開いたアレキサンドル・デュメーヌ、そしてボキューズ、トロワグロ兄弟などを初めとする多数の革新的シェフを育てた、リヨンの三星レストラン「ラ・ピラミッド」のオーナーシェフだったフェルナン・ポワン、さらにリヨンの南にあるヴァランスで三星レストラン「ピック」を開いたアンドレ・ピックだ。

この時期にはこれ以外にも多数の有名シェフ、有名レストランが現れたが、あまりたくさん名前を並べても仕方なかろう。たったこれだけの例からも、フランスでは多数の一流レストランが、「いなか」にあることがわかる。その多くがホテルを兼ねており、客は料理を食べにわざわざそこまで出向くのだ。

ヌーヴェル・キュイジーヌ

ヌーヴェル・キュイジーヌ万歳

「ヌーヴェル・キュイジーヌ」ということばは知っているだろう。そう、世界で、そして日本でも大規模な「グルメ時代」が始まった一九七〇年代に、フランス料理を一変させてしまった新しい流れを指す。

本来このことば自体は**「新しい料理」**というだけの意味だから、以前にも、カレームやエスコフィエなど、画期的な料理人が新しい料理の世界を切り開く際にこの言葉を使った。だから近代フランス料理は「ヌーヴェル・キュイジーヌ」の繰り返しだったと言えなくもないのだ。

だけど今ふつうにヌーヴェル・キュイジーヌというときは、**一九七三年**に始まった新しいフランス料理の主張と運動を指す。その後フランス料理が多様になったばかりでなく、世界中にいろいろな料理の情報があふれかえり、次々に新しい型の料理が発達して（いわゆる創作料理や無国籍料理）、文字どおり百花繚乱になったので、「新しい」ということばが何を指すのかわからなくなってしまった。だからここでは「ヌーヴェル・キュイジーヌ」というのはフランス料理史上のそのときの運動

と現象を指すこととする。

第二次大戦後しばらくたつと、エスコフィエ以来隆盛を極めたフランス料理もやや行き詰まってきた。このとき、ポール・ボキューズ、トロワグロ兄弟、エーベルラン兄弟など若手のシェフが、規範にとらわれて上流階級向けの権威主義に陥った伝統的高級レストランやシェフに対抗して、新しい料理を生み出そうとした。

この動きにアンリ・ゴーとクリスチャン・ミヨーという批評家が名前をつけて理論化し、宣伝した。ふたりは『新ゴー＝ミヨー・ガイド』という月刊誌を使って、伝統的価値観に依拠するミシュラン・ガイドに対抗し、「紋切り型と既成概念を排除する」ことを主張した。

一九七三年一〇月この雑誌は**「ヌーヴェル・キュイジーヌ万歳」**の言葉で表紙を飾り、古臭い従来のフランス料理と決別し、料理に新時代が来たことを高らかに宣言したのだ。

この中で発表された「ヌーヴェル・キュイジーヌの十戒」は加熱時間の短縮、素材の見直し（新鮮さの重視）、メニューの品数の縮小、革新への適切な対応、ダイエットとの両立などからなる、本来調理人向けの指針だ。つまり、ガストロノミー（メディア）の側から厨房に干渉するものだった。

しかし「ヌーヴェル・キュイジーヌ」と命名された料理の新潮流はすぐに社会に認知され、消費者に支持された。この宣言は料理そのものだけでなく、ガストロノミー（批評）にも新時代が来たことを告げるものだった。

これを機に料理に対するメディアと大衆の力は一挙に高まった。人々の関心は料理だけでなく、個々の料理人にまで及び、料理人の仕事は芸術でもあることが広く認められるようになっていった。ガストロノミーのメディアに啓発されて、食べ手も単なる好き嫌いやぜいたくではない、自分なりの料理の見方を意識するようになった。つまり、そこいらじゅうがガストロノームだらけになったのだ。こうして料理は客、メディア、さらに最近では個人発信のネット情報にも強く影響される時代となっていった。

以後フランス料理では、そのヌーヴェル・キュイジーヌが基準となっただけでなく、さらにその枠内にも入らないたくさんの新しい試みがなされ、もう、よほどの通でないとわけがわからない複雑な様相を呈することとなった。新しい試みでも、客の要求と時代の試練をのりこえるものなら、保守的なミシュランガイドでさえ高く評価するようになった。

ポール・ボキューズ

ヌーヴェル・キュイジーヌ運動の旗手としてだけでなく、その後はフランス料理界を代表する大御所的な存在となったポール・ボキューズ（一九二六〜）は若いころから活発な活動を展開し、一九六一年に異例の若さでMOFの称号を獲得した。これは「最良の職人」を意味する、日本の「人間国宝」または「文化功労者」に似たフランス最高の技術者称号だ。

早くから料理人もその中に含まれるあたり、さすがはフランスではないか。さらに一九八七年にボキューズは料理人として初めて、フランス最高のレジオン・ド・ヌール勲章を授けられた。

彼は料理人の息子としてリヨン近郊に生まれ、若いころから料理人修行を始めた。リヨンの名レストラン「ラ・ピラミッド」でフェルナン・ポワンの指導を受け、一九六〇年に自分のレストラン「ポール・ボキューズ」を開くと、次々にミシュランの星を獲得し、六五年にはついに三星を得た。

『ポール・ボキューズ自伝』の翻訳者須山泰秀は「訳者あとがき」の中でこう紹介する。

ボキューズ氏の料理は一言でいえば「とても安心できる料理」です。奇抜さも、衒いもなく、季節によって厳選された素材の風味を最大限に引き出す料理。いつ訪れても安定した風味。(…)繰り返しボキューズ氏が述べている「食卓とはそこに座った人達が幸せな気持ちになる場所」、そして「料理にはひとつの種類しかない。それは〝おいしい料理〟だ」ということを身をもって感じることのできるレストラン、それがレストラン「ポール・ボキューズ」です。

日本においてヌーヴェル・キュイジーヌ以前のフランス料理は、交通の未発達、経済力などの理由で、あこがれのかなたの縁遠いものだった。もちろん、帝国ホテルや横浜のニューグランドホテルなどを通じて、高級フランス料理は伝わってはいたが、それを楽しめる人は限られており、日本の「西洋」料理全体のレベルは生産・消費両面とも高かったとはいえないだろう。

西洋料理を日本化して普及したいわゆる「洋食」(とんかつ、ハヤシライス、オムライス、カキフライ、コロッケなど)は、正統派フランス料理とは別の、独特のものなので、一緒にしてはいけない。あれはあれでおいしいけどね。

さて、そこに**辻静雄**という人物が現れ、正統的なフランス料理を広めて根付かせた。その過程で個人的に親しかったポール・ボキューズやトロワグロ兄弟を招いて講演・実演させた。日本人にとってがぜん身近なものとなったフランス料理とは、だからそもそもヌーヴェル・キュイジーヌだったのだ。辻がそれ以前の伝統的フランス料理にも通じ、それを自分の基礎にしていたことはもちろんだが。

また、ポール・ボキューズなどのシェフも辻静雄との親しい関係を通じて、早くから日本料理に通じていた。「ヌーヴェル・キュイジーヌの十戒」を見ると、素材の新鮮さの重視など、日本料理が大事にする特徴と共通のものが見られる。ヌーヴェル・キュイジーヌには**日本料理の多くの特徴**が影響を与えていると言ってもよい。

ボキューズとともにヌーヴェル・キュイジーヌを代表するジャンとポールの**トロワグロ兄弟**は、同時期にローヌ地方に生まれ、そろってポワンのレストラン「ラ・ピラミッド」などで修業し、その影響を受けた。一九五三年、リヨンの近くのロアンヌに「レ・フレール・トロワグロ」を開店した。

兄のジャンは一九六五年にMOFを受賞し、レストランは、一九六八年にミシュラン三星を獲得した。彼らも辻の招きで度々来日し、日本にも支店を出した。

ポールとジャン＝ピエールの**エーベルラン兄弟**も同じ時代にレストランを営む家に生まれ、ポールは幼いときから料理を学んだ。のちに兄弟は力を合わせて大戦中に途絶えていた家業を再開し、そのレストラン「オーベルジュ・ド・リル」は徐々にミシュランの星をふやし、六七年には三星となった。

ヌーヴェル・キュイジーヌを代表するシェフたちは、よく似た環境に育っている。

日本の状態

二一世紀に入ると、ミシュラン・ガイドはイタリア、ドイツなどヨーロッパ各国編、さらには北米やアジア諸都市を対象とするものを出すようになり、二〇〇七年に『**ミシュラン・ガイド東京**』、〇九年には『同京都、大阪』が創刊された。

そこでは、レストランはフランス料理との類似性ではなく、各国の料理文化の観点からも評価されるようになった(その点は不十分だ、との指摘もあるが)。たとえば東京編では、三星十一軒中八軒が寿司店だ。ガストロノミー・メディアは世界中を席巻するようになった。

フランス料理とシナ料理が世界の二大料理だ、という言い方がある。ものごとにランクをつけるのがよいことだとは思わないが、この説にはかなりの説得力がある。

シナの料理の歴史はヨーロッパとは比べられないほど古い。また奥も深く、しかもガストロノミーに関しても充実しており、たとえていえば、それは別の宇宙を形作っている。ただ、話が散ってしまうので、今回はふれないだけだ。日本ともゆかりの深い「宇宙」のことであるから、興味があるなら、多種多様の参考図書がある。

さて、日本の料理文化は、近年になって国際的にも高く評価されるようになったが、日本では長らく料理（または食一般）はいやしいこととされ、料理人に対する社会的評価も低かった。支配層の間で重視されたのは、料理そのものの味よりも儀式的、儀礼的側面だったようだ。

調理の技術や伝統の継承は閉鎖的な職人の間できわめて非民主的、非教育的環境のもとでおこなわれてきた。

近年、日本のメディアと大衆の間に見られる「グルメ志向」と料理への関心（つまりガストロノミーの発達）は過熱状態にあるような感じもするが、歴史的に見ると新しく、まだ未熟な点を多く残しているように思われる。

その中にあって、京都で発達した日本独特の料理とガストロノミーは伝統に裏付けられたそれなりの成熟を示しているが、はたしてその閉鎖性や非開明性は克服されているのだろうか。近年高まる一方の京都人気はその発達に寄与するのだろうか。

テーブル・マナー

エチケットとマナー

フランス料理とガストロノミーの関係などという話をしているのだから、宴席の重要な一部である設宴方法やエチケットとマナーについても少し触れておかないといけないかな。

おじさんたちの世代は若いころ、うちでナイフやフォークを使って食事をしたことなんてなかったから、おとなになってたまに結婚式などでホテルのコース料理を食べるときは、テーブルマナーに違反して恥をかくのではないか、と戦々恐々だった。

美沙ちゃんたちの世代には、もうそういうことはないのだろうね。若い人たちは洋風の席でも、ごく自然に振舞っているように思える。

日本の高級ぶったレストランやホテルの中に、未だに**主客転倒**の変なところが見られるのはこっけいだ。自分たちは「正しい」マナーを心得ていて、それを知らない客を馬鹿にするような態度をとるウェイターがいたりする。

たとえばグラス類やパンの皿を、中央の皿からはなれたところにおいて、客に左右のどれが自分

のものかわからないようにしたり、間違えてとなりのものを使ったりするように仕向けているとしか思えないことがままある。

パンの皿は左におかれる、なんてことは、べつに客が知らなくてもいいことだ。近くにあるのが自分のものだと思って当然だろう。だから、どこからどこまでが自分の食器なのかがわかるように、もっと固めて置け、てぇーの。

そんな気持ちや態度こそ、本来のエチケットに反する。エチケットというのは客を大事にすることではないのかね。その真髄を示すものとして有名な話がある。エリザベス女王がある第三世界の国の大統領を呼んで食事をした際、その人が出されたフィンガーボールの水（指を洗うためのもの）を飲んでしまったことがあったという。女王様は少しも騒がず、ご自分でもその水を飲まれた、というのだ。これは作り話ではないかとも思うが、悪くない話だ。

それでも、私たちの中にはどうしても洋風マナーに対して気おくれするところがあるから、少しは心得ておいたほうがいい。それに、それぞれの国と文化には型があるから、**「郷に入れば郷に従え」**で、行き先の決まりごとはできるだけ守るのが礼儀だろう。

じつは世界は広く、風習や決まりごとは千差万別なのだが（たとえばシナやイスラム世界は欧米とも日本ともまるで違う）、ホテルや食堂での食事のマナーは欧米流が世界共通になりつつあるから、話題はそこに絞ろう。

カレーを手で食べるとか、客を歓待するときは羊をほふって主賓に目玉を供する、とかいう話は別の「探検家の教養」にでもお任せしよう。

その基本

さて、基本的心構えとして、外国ではレストランに行ったときも、自分がよそのうちに**招かれた客**と同じだと思う方がいいのではないか。「金を払うのだから」という横柄な態度ではいけない。「お呼ばれ」のときは礼儀正しく、また愛想よくするだろ。

これは欧米に行ったときだけでなく、どの国へ行った場合でも基本的な心得だろうし、国内のレストランや料亭でも心構えとしては同じことではないか。

さらに異文化なのだから、いろいろな点で差があっても当然だ、と思わなければいけない。仮に知らない風習にぶつかっても、日本風に礼儀正しくしていれば、悪く思われることはないはずだ。

ヨーロッパ風の細かいマナーが気になるなら、ていねいな参考書がいくらでもあるけれど、そういう本はやたらと細かくて、どれが基本で、どれが細則だかわからないのだな。しかも、とかく「べからず集」になっていて、辟易とさせられる。

ここでは、日本人の癖が出てついやってしまいそうな点だけをあげると、レストランで（そんなに高級なところではなくても）案内されないうちに勝手にすわることとか、出迎える接待係（メートル・ドテルか、小さいところではしばしばオーナー自身）やウェイターに**挨拶**しないこと、なんてのは気をつけるべきだね。

それと、料理をほめると気持ちが通じ合う（もちろん、まずかったらその気にならないが）。皿を指して親指を立てれば意は通じる。

ついでながら、これは一般の商店でも同じこと。だまーって入って行って、品物をいじくりまわして、また黙って出て行くのでは不気味がられるし、とても無礼なこととされる。ことばができるかどうかの問題ではない。**笑顔と「ハロー」**で十分なのだ。

ナイフ、フォークの使い方などは、もう慣れているからだいじょうぶだよね。ナイフを口に入れないとか、スープを食べる際に音をたてないとか（あれは飲み物ではなく、食べ物だと思えばよろしい）、皿を口まで（あるいは口を皿まで）もっていかないとか。

これは日本で丼や麺類を食べるときには当たり前のことなので、やってしまう人をよく見かけるが、こういうことはどうも不快感を与えるようなので、やはり気をつけなければいけない。

大声を出したり、勝手な行動をとってはいけないというのは、べつにレストランに限ったことではなく、一般的な礼儀作法だ。欧米のレストランでは、よほど高級で格式の高いところでなければ、常識さえあれば、それほど窮屈ではなく、客も「普段着」流で、けっこう気ままに振舞っている。そんな風に迎えてくれるからだ。

意外に新しいマナー

ところで、ヨーロッパでナイフ、フォーク、スプーンが今みたいに各自に配られるようになったのはそれほど昔のことではなく、レストランの爆発的増加とほぼ時を同じくしているらしい。貴族の間でフォークが一般に使われだしたのはイタリアとスペインで一六世紀、他の国ではその約一〇〇年後だと言われる。

肉食をするのでナイフは昔からあったが、食卓専用の食器ではなかったし、個別に配られるわけでもなかった。スプーンも個別になるのはだいぶあとだ。ヨーロッパではかなりあとまで、王様でも手づかみでパスタを食べたという。フィンガーボウルを出すのは、そのころからの名残なのかな。ブイヤーベースみたいなものになると、どうしても手を使わなければならないから必要だけど。

そこへ行くと、日本で箸が一般化したのは鎌倉時代だというから、その点ではわれわれのほうがはるかに先進的だったのだ。そう聞くと少しは気が楽になるが、日本の正式食事マナーというのは、本当は大変なものだよ。本膳料理ともなるとやたらと煩雑だ。ただ現在ではそんな席が設けられることはまずないだろうから、知っておく必要もない。

きまりの多い茶懐石以外の場合なら、ふつうの礼儀作法を知る人は対応できるだろうが、本当は箸の使い方や細かいことなどは何かのおりに調べておいたほうがいい。知らないで過ごしてきたことだってあるかもしれないし、この話もけっこうおもしろいのだな。これまた、参考書ならいくらでもある。

今回はそもそも、個別の料理の実際の作り方にはふれずに、その背景にあることがらや歴史について話しているので、エチケットとマナーについても細かいことは解説・参考書に任せるとして、ここでは宴の型と料理の出し方の背景を見てみる。料理そのものと同じように、これも今のように定まったのはそう古いことではない。

現在、洋風の会食では、ふつうは前菜、スープ、サラダおよび主菜の順で出されるので、外側におかれたフォーク、ナイフ類から使っていく。間違えても、別のを出してくれる（はずだ、ちゃんとしたところなら。くれなければ要求すればよい）。左側にはパン用の小皿がおかれ、右側には何種類かのグラスがおかれる。

そして出された料理を順に食べ、すんだ皿は次の料理の前に片付けられる。つまり、日本の通常の食事のように、別々の料理を「混食」しないのだ（サラダなどは別だが）。ところで、まだ食い終わらないうちに皿が下げられそうになったら、「まだ終わっていない」と止めていいのだよ。

フランス式とロシア式

これが現在の、ある程度正式な西洋式（フランス流）の食事のやり方だ。だけど、こんな形式が一般化したのは一九世紀後半からのことで、そのもとはロシアの宮廷・貴族風のやり方だった、というからおもしろい。それ以前のフランスでは、たくさんの料理が最初から並べられていた。

豪華な席ともなると数十種の料理が出されたので、二〜三回に分けて出された。といっても、前菜やスープなどの種類別にたくさん並べられたのではなく、それぞれの回で各種のものが出されたから、完結した宴席が三回続けて設けられるようなものだったらしい。だから、今のように順繰りにすべて食べるのだと考えると、とんでもない種類と分量に思えるが、ひとりがそう何種類も食べたわけではない。

料理が次々に出される。富裕層では皿数の多さに息をのむ(…)第一のサーヴィスは、さまざまなスープ、パテ、魚のキッシュ、かきのシヴェ、ついで(…)シタビラメ、ルージェ（赤魚）、アナゴ、ヒラメ、鮭、カワカマス、コイ、さらに肉や魚のロースト(…)最も重要なのは肉だった(…)家禽、牛肉、豚肉はすべての饗宴に出されたが、富裕層ではジビエや雉、赤鹿、のろ鹿、ツル、ノガン、ハト(…)(パトリス・ジュリネ(北村陽子訳)『美食の歴史二〇〇〇年』原書房、二〇一一年)

きわめて多彩、豪華な食卓から、会食者は好みの料理を、格別な順序もなく取り分ける。しかしこの方法だと、料理はどうしても冷えてしまうし、これらのご馳走から、好きなものを取れたのは上席の人々だけで、下位の者は残ったものでがまんするしかなかった。

このような不合理な宴席を、今のような順次提供方式にしたのが**ロシアの給仕法**だった。これが今に続く方法で、料理は厨房で切り分けられ、盛り付けられて熱いうちに宴会場に運ばれる。列席者は皆同じものを食べる。

ロシアでは古くからおこなわれていたこの方法をフランスに伝えたのは、ナポレオン時代のパリ駐在ロシア大使だったと言われるが、広く普及したのはだいぶ遅れて、一九世紀後半に、カレームの弟子だったユルバン・デュボアが実行して以来のことだった。

おもしろいのは、一八世紀に西欧化・近代化を経験したロシアでは、何でもフランス風が高級だとされ、宮廷でもロシア風給仕法がおこなわれなくなっていたことだ。同時に多くの伝統的ロシア料理の調理法も失われた、という。ロシアに「ロシア式」を復活させたのは、ロシアにいたフランス人シェフだったらしい。

一九世紀後半以降、「ロシア式給仕法」が高級宴席やレストランだけでなく、富裕階級家庭にも広まったのは、この方式が実利的、合理的だったからだろう。これにより食卓の作法が簡略化され、熱いものを熱いうちに食べられるようになった。

このあたり、本膳料理から会席料理に移って行った日本料理の宴席の変化と共通点があるように思う。

アームチェアで読むフランス料理の本

全体的な図書紹介はあとにするが、ガストロノミーと、それを生んだフランス食文化に関するものは、話が出たついでに扱っておいたほうがよいだろう。ただし、取り上げるのは、文化としてのフランス料理の話であり、実際の作り方を説明するレシピやその解説、または食べ歩きやレストラン紹介のようなものは原則としてふれない。

辻静雄

フランス料理にアームチェア的に親しむために、フランス料理の導入はもちろん、日本の料理文化全体の水準向上に比類のない働きをした**辻静雄**（一九三三〜九三）という人の業績紹介から始めよう。

辻静雄の主要な業績は、フランス料理およびそのガストロノミーを理論的にも技術的にも実体としても広範に日本に導入したことだが、料理というものに対するその学問的・啓蒙的な態度、取り組み方はフランス料理の分野を超えて日本の料理文化全般に強い影響を与え、その成熟に寄与した。

この人が料理に手を染めたのは、岳父が大阪阿倍野に開いた**辻調理師専門学校**の副校長になった二七歳になってからだったというから、あの大事業を考えると、ずいぶん遅いスタートだ。それまで日本にあったのは、花嫁修業の料理学校ばかりで、プロの調理人を育成するための施設はなかった。現場で親方や兄弟子に殴られながら芸を盗むことが当たり前とされていたからだ。

以後の辻の精力的活動は驚くほかはない。フランス料理の古典をくまなく収集し、読みこなし、フランス中の一流料理店を食べ歩き、ポワン未亡人、ポール・ボキューズを初めとする有名シェフたちの教えを受け、交友関係を結び、その成果を調理師専門学校で教え、多くのシェフたちを育てた。

辻の教育機関はさらに和食部門、中華部門、製菓部門、フランス校、調理研究所と拡大し、彼が監修したテレビ番組「料理天国」は一八年間も放映された。辻が招聘して公開講座を開かせたフランス人シェフはボキューズ以下なんと八〇名にも及ぶ。

辻は日本料理にも関心を深め、料亭「吉兆」創始者の湯木貞一と密接な交流を築き、しかもフランスのシェフたちにその魅力を伝え、日本料理紹介書を英語で刊行した。

辻は宗教的ともいえる情熱を傾けて、日本に本格的フランス料理を導入した。四一歳でフランス最優秀料理人賞（MOF）名誉賞を外国人として初めて授与され、以後いくつもの勲章を授与された。辻は一九九三年、六〇歳の若さで逝去した。

長年にわたる獅子奮迅の活躍からくる疲労、特に過酷な修行としか言いようのない美味探求、つまり高級レストラン食べ歩きによる肝臓疾病が原因だった。まさに殉教または戦死と呼べるような最期だ。彼の弟子のひとりがいみじくも言ったように**「先生は命がけでメシを食っていた」**。

さて、最初に紹介したいのが、辻本人の著作ではなく、**海老沢泰久『美味礼讃』**(文春文庫)なのは、かのブリア＝サヴァランの古典的名著の名前をあえて冠したこの本が、辻の業績全般を描いた伝記といってよいからだ。

作者は「これは辻をモデルにした小説で、物語は架空だ」と言い、登場する日本人の名前も辻以外はすべて仮名にしているが、作者の自由が生かせるフィクションの形をとったからこそ、辻の活動の生きた姿がわかりやすく伝わってくるのだと思う。この本のおかげで、辻の業績だけでなく、日本におけるフランス料理の発展を小説として読むことができる。

辻には著作集や、本格的研究書や講義録もあるが、現在比較的容易に入手できる一般向けの文庫本には、**『辻静雄コレクション　全三巻』**(ちくま文庫)(単行本『フランス料理の手帳』『舌の世界史』『料理人の休日』『エスコフィエ』『ヨーロッパ一等旅行』『パリの料亭』を所収)、**『フランス料理を築いた人びと』『フランス料理の学び方』**(どちらも中公文庫)などがある。私たちはフランス語の原典は読めないので、辻がかみ砕いて紹介・解説してくれたものはありがたい。

知ろうとする欲求、おいしいものがどこにあるかを知りたいという気持ち、何を犠牲にしてでも、それを食べてみようという意志がなければ、おいしいものにはあやかれない。いったい、もっとおいしいものがあるかもしれないということを考えてみない食通なんて存在するのだろうか(…)味というものは覚えるのに時間のかかること、一回や二回食べておいしいのどうのこうのと能書きはいわれないこと。はじめはもしかすると自分の舌では理解できない味なのかもしれない、とひとまず謙虚になって欲しい。

味のわかるのはそれからのことなのではないだろうか。舌の記憶などというものは、わりあいに不確かなものだと僕は信じている。だからこそ折に触れて確かめたいのだ。(『フランス料理の手帖』ちくま文庫『辻静雄コレクション』第一巻)

そのほか、辻自身が直接参加しているわけではないが、辻調理師専門学校が編纂した多数の料理教科書がある。作り方の教科書なので、読んで面白い読み物ではないが、実践面では大いに役立つ。私たちも辻調理学校のいわば通信学生になれるのだ。『辻調が教えるおいしさの公式』(西洋料理編、日本料理編、中国料理編)(ちくま文庫)など。

本の紹介

一般的な図書紹介に移ると、まず**ブリア=サヴァラン『美味礼賛』**(関根秀雄・戸部松実訳、岩波文庫)。すでに何回も触れたガストロノミーの古典中の古典だ。「料理の教養」というからには、読んでおかないと格好がつかないね。

どんなものを食べているか言ってみたまえ。君がどんな人であるか言いあててみせよう（冒頭の「アフォリズム」に掲げられた有名なことば）。

ご婦人方のグルマンディーズの傾向はいくらか本能に似たものがある。まったく、グルマンディーズは美しさを増すのである。きわめて正確なきびしい一連の観察は、滋養のあるおいしいものを常食としていると、容貌がいつまでもふけずに若く保たれるということを証明した。おいしい滋養のある食事は目にいっそうの輝きを、皮膚にはいっそうのみずみずしさを、筋肉にはいっそうの張りを与える。

フランスの食文化と料理に関する本は数多いが、筆頭におくのが適当なのは、**北山晴一『世界の食文化一六　フランス』**（農山漁村文化協会、二〇〇八年）。フランスの食文化をあらゆる面から扱っているからだ。三五〇ページの大冊で、フランス食文化の歴史、性格、特徴、文明論的分析、現在と未来の様相など、すべてにわたってかなり綿密に論じており、この一冊でフランス食文化に関する話題はほぼつくされているといってもよい。ちなみにこのシリーズは、国別に全二〇巻からなる、いずれも総合的な食文化大全集だ。

八木尚子『フランス料理と批評の歴史』（中央公論新社、二〇一〇年）。

ガストロノミーとはどういうものか、それがフランス料理発展の中でいかに重要な役割を果たしてきたかを説く。この著者は辻の弟子。

西川恵『エリゼ宮の食卓』（新潮社、一九九六年）。七年間パリで通信社特派員をつとめた筆者が、フランス大統領（ミッテラン、シラク）が催す国賓（級）来客のために催す晩餐会の様子を、純料理面と政治的配慮の両面からおこなうメニュー分析を交えて紹介する、まさにアームチェア・ガストロノミーにぴったりの好著。ふつうには近づけない最高級のフランス料理の世界だが、読むだけでわくわくする。

この本の魅力をよく表す箇所を引用しようと思ったが、できなかった。なぜなら、各章では各国元首を迎えた晩餐会の政治的背景、外交儀礼あるいは大統領と賓客の人間関係が説明され、それがいかにみごとに吟味選択された料理メニューになるのか、なぜあのようなワインが出されたのか納得のいく口調で語られるのだが、それを示すのは数行の引用では無理だからだ。

オーギュスト・エスコフィエ『エスコフィエ自伝』（大木吉甫訳、中公文庫）。

いろいろな議論があるが、現代フランス料理の型を最終的に完成したのはエスコフィエと言える。

もちろんその後ヌーヴェル・キュイジーヌという形で変化はしたのだが、いわばアンチテーゼ以前のテーゼだった。

イギリス人は、ときたまフランス人が蛙を食べている姿を風刺する漫画を書いてうさ晴らしをする。彼らはフランス人を「蛙食い（フロッグ・イーターズ）」と呼ぶ（…）私はこの種の蛙論争がおもしろくて、「サヴォイ」にいたある日、イギリス紳士諸君に蛙を食べてもらおうと企てた（…）

莫大な皿数の冷菜があらゆる趣向を凝らしてメニューに載ったが、その中にその場の雰囲気にあわせて「夜明けの妖精（ニンフ）」と名づけられた一連の料理があった。魅惑的で華やいだ社交界の人々は、まさかあの軽蔑すべき蛙の股肉を賞味しているとは知らずに、この「ニンフ」を絶賛した。

ポール・ボキューズ『リヨンの料理人　ポールボキューズ自伝』（須山泰秀訳晶文社、二〇〇〇年）。フランス料理の巨匠の自伝だから、いろいろな意味で興味深いが、その中で太りすぎの悩みと「ダイエット」への取り組みに関する記述が多いのはユーモラスでおもしろい。

ブリヤ＝サヴァラン曰く、「グルマンディーズとは、それがガストロノミー、つまり、人間の栄養摂取の法則に基づいた知識に変貌することによってのみ許されるものである」（…）摂取するカロリーを減らすことができたら、おいしいものを食べる楽しみをあきらめなくても、量を制限すれば痩せるのではないか(…)

たっぷり切り分けたサーロインをやめて小さな一切れを食べ、同じように、パン・ド・カンパーニュは二切れのところを一切れにし、コーヒーに砂糖は半個以上入れないようにした(…)この健やかな活動(鴨猟のこと。引用者注)と私の〝ダイエット〟が結びついて、健康の回復を実感できるようになったのは喜びだった(…)六カ月のダイエットとはいえないダイエットで、私は一〇九キロから八〇キロになったのだ……。

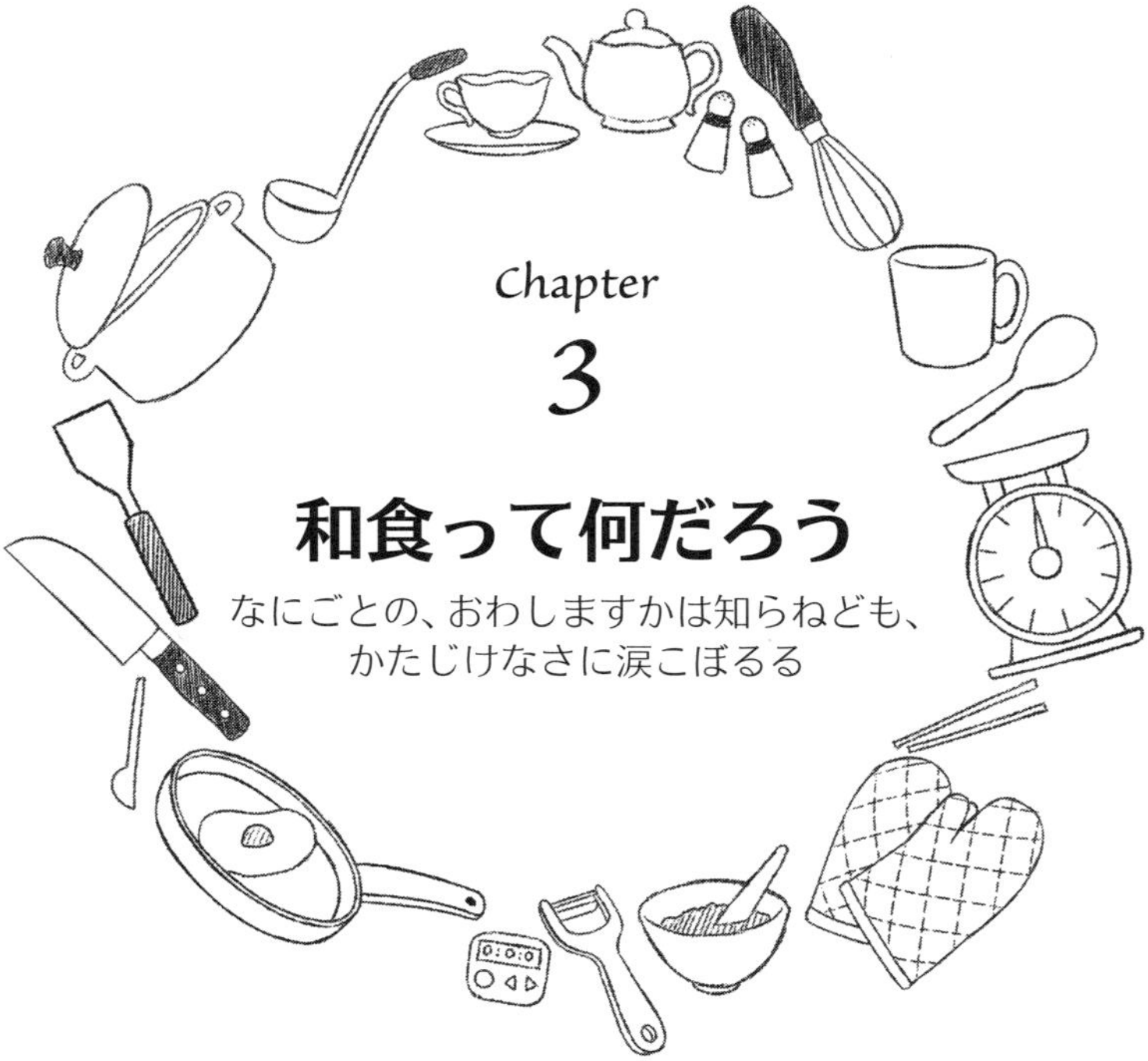

Chapter

3

和食って何だろう

なにごとの、おわしますかは知らねども、
かたじけなさに涙こぼるる

日本料理の問題点

私たちはやはり自分の味であり、外で食べる機会も多い日本料理のことをちゃんと知っておくべきだよね。日本食は近年世界の注目を集め、高い評価を受けるようになった。

二〇世紀末以来の**寿司人気**の世界的な高まり、二〇一三年の「和食　日本人の伝統的な食文化」の**無形文化遺産登録**、同年東京オリンピック開催決定時の日本的**「おもてなし」**のアピールなどが推進力になった。高脂肪・高カロリーを抑える日本食の健康面と栄養面でのすぐれた性格も指摘され、次第に評価されるようになってきた。

世界に評価されることは日本人としてうれしいが、別の意味でもこれは歓迎すべき現象だ。というのは、他の分野でも見られることなのだが、日本文化にはしばしば理屈を無視し、説明を拒否する傾向や極端な精神至上主義が見られるからだ。

和食が国際的になれば、そういう「問答無用」の思い込みや押し付けがましさがへり、理性的（学問的）なアプローチと理解が進んで日本特有のガストロノミーが発達するだろう、と思われる。

日本の色々な「道」では、よく「極意」とか「奥義」とか「免許皆伝」とかいうけれども、それらはだ

いたいことばにはならない、してはいけないものらしい。ことばなしに「悟ら」なければいけないのだ。

また、私たちは仏教や神道などの多くのことを無意識に、なんとなくわかったつもりになって、生活習慣の中に取り込んでしまっているが、外国人から質問されると、きちんと答えられないことが多い。

日本文化には「なにごとの、おわしますかは知らねども、かたじけなさに涙こぼるる」という和歌に表されているような、**理詰めの追究を放棄する**性格があるのではないか。すぐに「理屈ではない。心で感じ、肌で理解せよ」なんて言う。

理屈抜き

私たちは日本文化の中の決まりごとを、理屈ぬきにそういうものだと思い込んでいるが、そういう思い込みのない人でも理解できるように、合理的に書かれた外国人向けの解説に出会うと、「なーんだ、そういうことなのか」とやっと納得できたりする。

だから、伝統芸能などに関しては、日本の解説書よりも外国人向けの説明の方がわかりやすいし、明治時代のラフカディオ・ハーンから最近のドナルド・キーンに至る外国人の日本文化論がよくわかっておもしろいのもそのためだ。

和食の解説も、従来はきわめて情緒的で、独りよがりで、信仰告白のような雰囲気をもつものが多かったが、世界的な視野で論じる必要があれば、ちゃんと理屈のある**「学問的な」**ものがふえていくのではないだろうか。事実、近年の懐石の話なんてだいぶわかりやすく、筋の通ったものになってきている。

じつを言うと、おじさんには若いころ和食に対して反発する気分があった。若くてがむしゃらな食欲にとっては西洋風の肉料理やシナ料理のほうがずっと好ましく思われたし、理屈をきちんと説明しないということは、不合理なことがらに「もったい」をつけているにすぎないと思ったからだ。

味の嗜好は年齢とともに次第に変わっていったが、日本食の栄養面での長所、味覚面での魅力や、自分がもつ文化的な価値観との一致(なにしろ日本人なのだから)などを知るようになると、年をとるまで和食の価値に気がつかないなんて困ったことだ、と思うようになった。こうなる理由のひとつは、合理的な説明がないからではないか。

言ってみれば、従来の日本には和食に関するまっとうなガストロノミーがなかった。当然の結果として一般の人の理解も進んでいなかった。多くのことが、「なにごとの、おわしますかは知らねども…」だったのだ。

日本料理の特徴

もっとも日本料理とは何かを簡潔に定義したり、その範囲を明確にすることはやさしいことではない。時代による違い、社会的な違い（高級料理、大衆料理、家庭料理）、地方による違い、どの程度まで時代による変貌や他の料理の影響・混合を「和食」にふくめるのか、などの問題がある。簡単に日本料理と言ってもその境目ははっきりしないのだ。

これらには、どれが正しい、という決め手がないので、結局のところ何のために日本料理を論じるのか、ということによって定義や範囲は決まるのだろう。たとえば、和食の本質的特徴を把握しようとするのか、そのルーツと時代による変遷を明らかにしようとするのか、文化人類学的に日本人の食生活を分析しようとするのかでは、対象も範囲もおのずから異なってくる。

ここでは、昔から現在にまで続く日本料理の**基本的な性格**、世界の他の料理（フランス料理やシナ料理）と異なる**特徴**を考えてみたいと思う。だから、鎖国の江戸時代後期に発達し、定型化した狭義のものだけを扱うのではない。

これに「文明開化」以後の変化が加わり、近年の生活の豊かさや料理・食文化への関心の高まりの結果さらに発展し、総合された現在の姿をふくめた全体を日本料理と扱いたい。そして短いことばで定義できないとしても、それがどんなものであるかを示そう。

また、その目的のため、念頭におくのは東京、京都、大阪という大都会の各種高級料理（近年では料亭、割烹店など）となる。それとはあまり縁のない庶民の日常の食生活や家庭料理、各地方の特色などにはふれない。

料理文化が凝集・結晶するのは高級料理で、料理はそのような頂上で発達・完成したあと、広く庶民一般へと伝播してゆくからだ。もっともその逆に、庶民の間に広く存在した食文化が、いくつかの洗練された形にだんだん凝縮されていくこともある。

日本料理の種類

現在高級日本料理（和食）と呼ばれるものの中心は、茶の湯の**「懐石」**をもとに発達し、昭和初期までにほぼ完成された**「会席」**（宴会）料理だ。発音まで同じ「かいせき」だから困ってしまうね。

江戸には武家料理としてもっと古くから伝えられてきた、本膳料理をもとにした江戸料理（それだってもとは上方のものだが）もあったが、関西風割烹の影響も受けて、各皿が一品ずつ順に出される現代風の会席料理が標準となった。現在では平安時代以来の古い歴史をもつ本膳料理（有職料理とも呼ばれる）は特別の場合でなければ見られない。

①本膳料理

いろいろな料理をのせたひとり用の膳が客それぞれの前にならべられる、正統的な日本料理。公家文化に源を発し、室町時代にほぼ完成して江戸武家文化に継承され、太平洋戦争後もしばらくは正式な和食とされていた。

三膳、五膳などから成るが、最もぜいたくなものは七膳である。手前真中の本膳には「菜」が七種類のり、七膳を合計すると料理（皿）の種類は二〇〜三〇にも達する。

料理自体としては鮭の塩引き干物、膾と呼ばれる刺身の和えもの、焼き魚、貝類、昆布・のりなどの海藻類、えび・かに、その他の海産物、鴨・雉などの野鳥類、野菜の煮物、各種汁物など、じつに多数に上る。肉食は江戸幕末期までタテマエ上タブーであったが、野鳥は例外として本膳料理にも用いられた。

ところで、本膳料理の記録や解説を見ると、昔は調理法や味よりも、提供の形式や摂食の作法ばかりが重視されている。正式な高級料理はどの国でも儀式性をもっているが、本膳料理における決まりと礼儀作法は煩雑極まりなく、食べること自体を楽しんでいたとは思いにくいほどだ。

このような煩瑣で高価な料理が出されるのは、主君へのもてなしや、豪商が特別に設ける宴席などの特殊なケースであった。これらは有職料理と呼ばれて次第に形骸化したが、江戸時代に入ると簡素化して「二の膳つき」と呼ばれる二(～三)卓の二汁五菜が標準となった。

料理の基本は「飯・汁・菜・香の物」の四点で、あとは汁と菜の増加で皿と膳の数をふやした。高級になればなるほど皿数がふえた。だから高価な本膳料理では食べきれぬ量の食物を出し、食べきれないものは折り詰めにしてみやげとするようになった。みやげにするために初めから手をつけないものすらあった。

この基本形は昭和三〇年代ころまで、結婚式その他の祝い事の料理として命脈を保ったが、今ではあまり見られない。

②懐石

日本文化がさまざまな面で形を整えた室町時代末期から安土桃山時代に、茶会を接待の手法として集大成した千利休一門の下で、その接待席の食事として懐石が発達した。侘び茶が完成していくのと平行して、茶席での食事の形式・内容も整備されていった。

他の宴会料理と異なる、侘び茶の精神にのっとった食事の形式が徐々に成立した。(茶）懐石が本膳料理と異なるのは、時間とともにあたたかい、調理された料理が出てくることと（本膳料理では初めからすべてが並ぶので、冷えてしまう）、余分な飾りがなく、その場で食べきれる量であること、そして茶の湯同様の精神性、象徴的趣向をもつことである。

たとえば「和敬静寂」や「一期一会」といった茶道の心得は食事においても重要とされ、その精神性の象徴や季節感を料理に盛り込んだり、祝い心の表現を盛り込んだりした。歴史的にはさまざまな変遷があるが、江戸時代に型が定まって今日に至っている。

茶懐石は、もともと茶席の前に、茶の強い刺激をやわらげておいしく喫するために出す簡素な軽食だったが、現在では茶席だけではなく、料亭で食事として供される。その場合多くは一人ひとりに料理が盛られ、取り回しの際の作法もなくなって、気楽なものとなった。

近年の料理屋で出す「懐石」メニューでは、あわび、鮎、伊勢えび、松茸などの高価な食材がよく使われ、きわめて入念な調理が施されているので、理念としては簡素でも、むしろ非常に高級な料理の一種だ。

(茶）懐石の代表的な型を簡単な表にしてみた。料理の名称や順序は流派により、また場合によっても若干異なる。ふつうの和風レストランの中には、「懐石」と名乗っても、ほとんど会席料理並みに形式を崩してしまっているところもある。そういうところではごはんは最後に出される。

名称	内容	補足説明
ごはん		ごく少量出される
汁	ふつうは味噌汁	
向付《むこうづけ》	刺身であることが多い	酒が出されてから手をつける
椀盛	汁のある煮物	野菜、麩、湯葉、しんじょなど。ここでまたごはんが供される
焼物	鮎、鯛などの魚介類	しばしば大皿による取り回し。酒
預鉢《あずけばち》（強肴《しいざかな》）または進肴《すすめざかな》	酒の肴となる珍味	同右（名称の違いは流派による）
箸洗い	吸い物	
八寸	主客の盃の献酬の際の肴（二、三種類おかれる）	もともと八寸（約二四センチ）の四角い盆のような容器で出したため。酒
湯と香の物		正式にはおこげに湯を注いだもの
菓子		お茶は出ない

③会席料理

いっぽう、茶懐石にある程度ならって型を決め、宴席を形作るコース料理が「会席料理」と呼ばれるようになった。会席料理にも伝統的な形式（料理の種類と名称、出される順序など）があるが、大体合理的な種別となっており、各種決まりもゆるい。

茶懐石と会席料理では出される各皿の名称も異なるが、大きな違いは、茶席の前段階である茶懐石では冒頭にご飯と味噌汁が出されるのに対し、酒席でもある会席料理ではそれが最後に出されることだろう。茶懐石の場合は茶道の精神性や決まりごとが残っているが、単なる食事である会席料理の方にはそれがほとんど感じられない。

会席料理は茶懐石に比べればかなり自由だが、ふつう「先付け」という軽いおつまみが出た後、「前菜」という、やや本格的な、しかし軽い少量の皿が出る。続いて通常は汁物（お澄まし）、おつくり（刺身）、焼物（魚介類）、煮物（通常は野菜）、揚物、酢の物と続く。

ここまでが酒席で、それがすむと奇妙なことに「お食事」と呼ばれるものになって、ご飯、香の物、味噌汁が出て終わりとなり、あとは食後の甘味とお茶になる。

幕末から昭和初期までの江戸・東京の高級料理は宴会料理なので会席料理と呼ばれたが、内容的には主として二の膳つきの本膳料理だったようだ。江戸では花柳界に人々が集まり、また茶屋から発展した料亭で富裕商人が宴会を催した。そして社会の安定とともに、料理の内容が変化し、充実した。

特に消費文化爛熟期の文化・文政時代には、「グルメ」と呼んでもおかしくない、ぜいたくで放恣《ほうし》な食文化が発達したので、その内容を本膳料理としてひとくくりにしてしまうのは単純すぎるが、ここでは詳細には立ち入らない。

一方、町人の町になった京都でも江戸中期以降には数々の料理屋が生まれ、高瀬川沿いには料理屋が並び、客の前で調理する割烹も誕生した。京都は海から遠く、魚介類にはめぐまれなかったが、水と野菜は豊富で、長年の伝統と繊細な感覚に磨かれて、質・量・種類すべてにおいて、食材に富む大阪をしのぐ独特の料理文化を築き上げた。

大阪にも裕福な商人が大勢いたので、江戸をしのぐ豪勢な宴会が見られた。

京都を中心として発達した関西の会席料理は、徐々に江戸（東京）へも伝わり、本膳料理風の宴会料理に取って代わるようになった。戦中戦後の窮乏時代が終わると、調理されたばかりの料理が順に客に供される会席料理は、形式にとらわれた旧式な本膳料理を完全に駆逐して和食の主流となった。

また、寿司、てんぷら、うなぎなどの江戸の庶民料理からはじまった**「専門料理」**も高度に発達し、高級料理の一部となった。

こうして日本の食文化はかなり高度な発達をとげた。当然その情報を集め、料理法を説明する各種文献が現れたが、ガストロノミーが発達し、それがまた料理を押し上げる力を発揮する、というような状態にはならなかった。

④精進料理

精進料理は殺生を禁ずる仏教の寺院（というより僧が集まって生活・修行するのだから、修道院にたとえる方が正確だ）の食事である野菜料理だった。精進料理はそのような特殊閉鎖社会で独特の発達をとげた。

寺院における日々の食生活はきわめて簡素だったが、必要最低限の栄養補給はしなければならなかったので、豆腐をさまざまに処理し、植物油による揚げ物を採用し、すりごまを用いるなどのくふうをかさねるうちに、贅をつくすものも出現した。精進料理は野菜の煮物、豆腐料理などを発展させて、会席料理にも影響を与えた。

禅宗寺院においては、食事の用意も食事そのものも座禅と変わらぬ**「行」**とされた。つまりそもそも精神的意味をもつ行為の一種なのだ。日本の食事文化の中につねに精神論がひそんでいるのは、茶道と禅に深く関係した茶懐石および精進料理によるところが多い。

日本人は喫茶であれ、食事であれ、単に味わいを追求するのではなく、形式を整えて、生き方全般に通じる「道」に高めようとする。華道もそうだし、武道もそうだ。

⑤その他の料理

専門料理　寿司、てんぷら、うなぎ

今述べた伝統的な高級料理のほかに、江戸時代末期には、町人の間では屋台などで手軽に食べられる寿司、てんぷら、うなぎなどの簡易単品料理が人気を集めた。

これはこの時代に高度に発達した大都会の大衆文化と消費生活の現れだった。この形態は高級宴会料理とは別の、それぞれ独立した**「専門料理」**として現在まで受け継がれている。

会席料理にはもともと揚げ物があったが、てんぷらをふくめた各専門料理の老舗における調理伝統の継承は、宴会高級料理全般（つまり会席料理）のそれとは本来別の流れだ。

寿司（江戸前握り）は、東京湾で取れる新鮮な魚介類を、日本各地でそれぞれ発達した「なれずし」に倣《なら》って即席の酢飯とともに供したものだ。冷蔵や流通が未発達だったときには、アナゴ、ハマグ

りなど加熱したものが多かった。

当初は庶民的なスナックだったが、明治以降は広く愛好されて、近年になるとある意味では和食を代表する存在となっていった。

以前、寿司は魚の生食を嫌う欧米人から敬遠されたが、アメリカで低カロリー食として評価されたことがきっかけとなり、二〇世紀末ごろからは世界的に大流行するに至った。今では寿司店のない都会は世界中にないと言っても過言ではない。ところによってはシナ料理店より多いくらいだ。

当然日本の食伝統に反するようなもの（たとえばアボカドやマヨネーズを用いた「カリフォルニア・ロール」など）も現れている。今後国外に広がった寿司がどういう変貌を遂げていくのかは、これから述べる日本料理の本質（特異性）とも関連して興味深い。もはや日本料理とはいえない「スシ」が世界中に登場しつつある。

てんぷらは南蛮渡来の食べ物として長崎に入り、江戸で江戸前の魚を揚げた簡易なスナックとしてはやったが、次第に高級料理ともなっていった。

近年の「何でもあり」の風潮はともかく、従来は寿司やうなぎは正規の会席料理では出されなかったが、揚げ物、つまりてんぷらは以前からコースに取り入れられていた。日本料理ではめずらしく調理に油を使用する。

仕出し料理、弁当

仕出し料理は京都の富裕町人の間および江戸の花柳界で発達した。江戸の有名な料亭八百善なども当初は仕出し料理を売り物にしていた。特に**京都**では今日に至るまで、**仕出し料理**を抜きにしては食文化を語れない。

京都には、あちこちでさかんにおこなわれる茶の湯の際に、懐石一切を引き受けて会場に持ち込む専門店が多数存在している。また寺院におけるさまざまな催しの際にも、仕出し料理が重要な役割を果たしてきた。

そのうえ、一般の商家でも自宅でおこなう重要なもてなしの際、その料理は仕出し専門店に任せる風習が続いている。

弁当は自宅から外部へ持ち出す食事なので、私的なものであればここで扱う範囲から外れるが(家庭料理の一種だから)、専門業者が作って販売するものの中には仕出し料理に似たものも登場する。

江戸時代に花見などの行楽の際には料理別の箱や、酒、銘々皿までを一式に組み込んだ大がかりな提重箱が登場した。また、芝居見物の幕間に食べる幕の内弁当や、明治以後発達した駅弁などが、会席料理の定番と結びついて、いわば簡易版仕出し料理のようになった。

現在京都の料亭の昼食などでは、弁当形式にまとめられた料理一式が、「〜膳」などと呼ばれていわば略式の会席コースのようになっている。松花堂弁当などはその流れの中から生まれた形式だ。

その他（鍋、焼き鳥、そばなど）

魚介類が豊富な漁村や、イノシシや野鳥を食べてきた山間部では、かなり以前からそれらの食材を野菜とともに煮込む各種**鍋料理**が庶民の間で発達した。茸などを入れて、動物性たんぱく質を入れない鍋料理もある。

これらは調理も簡単なうえ、味にも富むので都市住民にも気に入られ、次第に料理店や家庭にも取り入れられていった。発生・発達の経緯からして儀式性や理屈付けはなく、一般的には高級料理とは言えないが、広く愛好されているので、総合的な和食の枠から外すのは適当でないだろう。

江戸時代末期から明治期に大都市に多数出現した簡単な外食施設では、寿司、てんぷらなどの専門料理と並んで各種鍋物が人気を博した。特に幕末期に現れた**すき焼き（牛鍋）**は、それまでになかった肉食を推進するものとして高い人気を得るようになった。

現在ではすき焼き、鳥の水炊き、その他多様な鍋物は専門料理と同じような存在となり、外国人にも好まれる現代和食の一部となっている。

そのほかに、もともとは庶民料理であるが、食の多様化とともに一部が高級専門料理のような存在になっていったものに**焼き鳥**や**そば・うどん**などがある。また、特殊な正月料理として**「おせち」**

というものもある。

さて、ここまで来て現代日本料理の大事な形式にふれていないことに気がついた。**旅館の料理**だ。一般の旅館の料理は、食随筆ではだいたい馬鹿にされ、気の利かないものの代表のように扱われる。旅館の中にはたしかに山里なのにマグロの刺身を出したりするようなトンチンカンなところもあるが、この扱いはどうも不公平すぎる気がする。

食随筆というのは、飛び切り上等の老舗や、地方の特別な名店(中には一流旅館もふくまれるが)などばかりを話題にする(だから人に読まれるのだろう)が、そんな名店に私たちはめったに行けませんね。日本料理の解説書のようなものでも、著者はたいてい名だたる料理人か、口のおごった評論家なので、ふつうの旅館の料理をまともに扱っているものなんて、見たことがない(外国人向けの英語の本は「思い込みなし」だから別だ)。

だけどね、ふつうの人が最も頻繁に口にする和食のフル・コースはたぶん旅館の食事ではないだろうか。旅館の値段にもよるが、人手の関係もあって、多くの場合、初めからあらかた並べられている。それでもてんぷらや吸い物や特定の皿はあとから熱いのをもってきたり、個人用の小さな鍋物は、できあがったころに消えるようになっている火にのせるなど、涙ぐましい努力をしている。

それに質量ともかなりのごちそうだよ。見てくれも大変美しい、と私は思う。皆さんは、本当にあれを馬鹿にできるような質の高い食事をふだんしておられるのですかね。旅館の食事をはなから馬鹿にするような輩は、本格的な味の達人ならいざ知らず、権威に引きずられる食のスノッブにすぎない…と思いますけれど。

旅館の食事の形式はだいたい会席料理に準じているが（つまり、若干の地方色などをのぞけば、ユニークなものではない）、初めから全開だ。これまた善哉《よきかな》。あれこれ少しずつ食べていくなんてのは楽しいではないか。

おじさんは外国から客が来ると、できるだけ箱根や京都の旅館に案内して食事をすることにしてきたが、きわめて好評だよ。彼らはあそこに日本文化の実際の姿（部屋、庭、風呂、サービス）と「おもてなし」の形を見出すのだ。旅館料理は現在では日本料理の重要な形式のひとつとなっていると言いたいね。

日本人の味覚

あっさり、さっぱり

日本人が味をほめる際の最も代表的な言葉は「あっさり（さっぱり）している」ではないか。たとえばあぶらっぽい料理や濃厚な味の一皿に対しても、ほめる場合は「意外にさっぱりとしている」というのだ。これは「濃厚な（くどい）味を予想したが、実際に食べてみるとおいしい」という意味なのだろう。

濃厚で複合的な味の深みを追求する欧米人やシナ人とはまったく異なる嗜好だ。彼らはあっさり（さっぱり）していたら、物足りなく思うだけではないか。

欧米人は豆腐やごはんなどの「単味」をあまり賞味しない。味を加えないで食べるのは甘みのある果物くらいだ。彼らは、もし豆腐を食べるにしても、豆腐だけ（少量のしょうゆと薬味程度で食べる冷奴や湯豆腐など）、米を食べるのでも、米飯だけ（お新香とごはんとか、塩味のついたお結びなど）では満足せず、マーボー豆腐やソースをかけたトウフ・ステーキ、米ならチャーハン、バターライス、リゾットなどに調理する。日本にかなり慣れた人でも、ライスにべったりソースをかけてしまう人がいる。

シナや東南アジアでも広く主食として白いごはんを食べるが、可能性に応じて濃厚な味のおかずをつける（あるいはカレーの場合のように混ぜてしまう）のがふつうで、そうしないのは貧しくてできないからである場合が多い。ヨーロッパのパンと水（と塩）も同様だ（ドイツやフランスのパンはそれ自体とてもうまいけどね）。

日本人は貧乏ではなくても、ごはんにちょっとした塩味を加えるだけでおいしいと感じ、満足する。そして米飯そのものの質を追求し、銘柄や炊き方から来る微妙な味の差に敏感に反応するのだ。

魚を食べるときも、ヨーロッパではただ塩を振って直火で焼くだけの調理法は一般的ではない。ポルトガル、シチリア、ギリシャなどではこのような塩焼きも広く見られるが、バター焼きにしたり、フライにしてこったソースをかけることが多い。

日本人は食材がもつ**自然のままの味の保持**を極端なまでに重視する。味だけでなく、質感や外見もなるべく保とうとする。そのため、調理（加工、加熱）は最低限におさえることになる。

生のままでは食べられないものが多いので、もちろん必要な処理はするが、それを最小限にしようとするのだ。味だけでなく色や形などの外見もなるべく保つことが望ましい。

野菜をゆでる（煮る）時間を最小限にし（欧米ではたいていくたくたに煮てしまう）、魚を生のままで食し（外国にその習慣はほとんどない）、刺身をしばしば**「姿造り」**にする、などがそのよい例だ。

ヨーロッパで生で食べるのはふつうは野菜くらいだろうが、その場合でも何種類かの材料を取り混ぜた油性のドレッシングが欠かせない。野菜サラダのことを考えればわかる。

アメリカ人がブロッコリーやにんじんを生のままガリガリかじるのは、比較的近年の健康強迫観念のせいで、あれをうまいと感じているのかどうかは疑問だ。そもそも平均的アメリカ人には美味追求欲望があまりないのではないか。

日本の味、世界の味

日本と外国の味付けの違いは、ときに**油絵と水墨画**の違いにたとえられる。油絵が絵の具を混ぜ合わせ、何度も絵の具を重ね、長時間かけて描かれるように、西洋やシナの料理の味もたくさんの要素を加え、修正しながら作られる。

たとえばビーフシチューは肉、ワイン、香味野菜、スパイスなどを加えて煮込み、**自然界に存在しない**濃厚な味と香を作る。

これに対して水墨画は墨の濃淡だけで、原則として色はない。対象の本質的部分だけを象徴的に描く。画面に空白の部分が多く残されることも少なくない。

和食の味付けもこれに似ている。日本の場合は、食材本来の味を引き出すために控えめに加熱し、加えるのは少量の塩分とダシだけで、不快な味となるアクを取る。

醤油というのは塩味に発酵の風味が加わったもので、食材の味を引き出すことを目的としてどこにでも使われる万能の調味料だ。味噌もこれに似ているが、もう少し自分の味が強い。

そもそも日本料理は**素材がもつ以上の味を求めようとはしない**のだ。だからフランス料理で重要な役を果たす、さまざまな濃厚なソースのようなものはない。

和食の味付けは、食材の味を引き立てる醤油、味噌、酢などの数少ない調味料に、刻みねぎ、わさび、しょうが、ゆず、しそなどの薬味類を加えるだけの淡白なものが多い。

そこで昆布や鰹節などの**「だし」**がきわめて重要となる。これがないと、いくらなんでも味が物足りなくなってしまう。ヨーロッパでもブイヨンなど「だし」に相当するものはあるが、これはソースなどの基礎だ。

そのうえに料理本体の食材（主に肉）から出る濃厚な味があり、さらにしばしば長時間加熱してくずし、味を混ぜるので（たとえばたまねぎやトマト）、「だし」というものを格別に意識しない。日本では「だし」をとる場合も素材（鰹節、昆布、煮干など）を加熱しすぎないように気を配り、味が出すぎないようにする。

おいしい味を重ねても、よりおいしくなるとは限らない、と考えるからだ。ハマグリの吸い物にだしと塩分以外のものは加えない。食材の持ち味が相殺されてしまうからである。もちろん、寄せ鍋のように味が加算されて、単味にはないうまさが出ることはある。

ただし、食材の相性への配慮、味付けの按配・加減を考えなければならない。それに、(寄)鍋は伝統的な高級料理ではなく、農・漁村における生産者の知恵から生まれて発達したものなので、ここで扱っている典型的な日本料理とはいえない。

料理では味覚以外の感覚、すなわち**嗅覚、触覚、視覚**が「味」の中で大きな役割を占める。特に嗅覚が果たす機能は格別で、鼻が詰まってしまうと、味の半分以上がなくなったように感じるほどだ。香辛料を多用した刺激性の強い料理を好む外国人にとって、嗅覚は味覚とほとんど同等の意義をもっているように思われる。

嗅覚も重要だが、日本人の味わいに格別な役を演じるのは、以前に述べたように**触覚**であり、日本人のほとんどが味覚と混同しているほどだ。ヒラメの刺身は、「コリコリしているのでおいしい」とされるが、ほぼすべての刺身にわさび醤油の味付けしかしないで、どこまで純粋の味覚として他の白身魚と区別できるのだろう。

外国でも視覚、触覚はともに料理に欠かせない要素ではあるが、味覚とならんで重視されるのは嗅覚のほうだ。胡椒を筆頭とする多彩な香辛料の多くはそのために存在する(昔は腐敗防止などの効用も重要だったが)。

一方日本人は触覚(温度、歯ざわり、舌ざわり、弾力、喉ごし、粘り気など)と視覚(見た目の美しさ)を味覚と同等に重視するのだ。

日本人の美学

日本の調理法

世界には多種類の料理があり、千差万別だが、共通点がある。和食以外すべての料理は加熱調理される。煮るか、焼くか、揚げるか、蒸すかされるのである。英語の辞書でcookという語は、To prepare food for eating **by using heat**.（食べるために**熱を用いて**食物を調理すること）と定義される。火による調理時間はときにかなり長時間にわたり、材料が何だかわからなくなる場合すらある。おいしい食べ物ができてくるのならば、それでもちっともかまわないのだ。シナ料理の中には、食材の味と色を保つために細かく切ってすばやく炒めるものもあるが、その場合でも野菜は高熱の油の中を通っている。

ところが日本料理が理想とするのは生の素材と自然の姿だ。もちろん何でも生で食べられるわけではないから、日本でも材料にいろいろな加熱をするが、それを**必要最小限**にとどめる。そして食材のもともとの姿、形、色、そしてもちろん味を最大限保持しようとするのだ。良質な水が大量に得られる風土の中でこそ可能となった方法だろう。

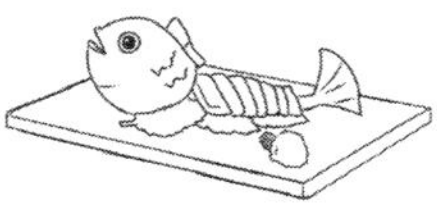

そこで、調理の中で最重要なのは美しく切ることとなる。ヨーロッパの料理人が各国語で**「調理する人」**と呼ばれるのに対し、日本の調理場の筆頭者は**「板前」**と呼ばれる。つまりまな板の前で包丁を振るう人である。彼らは生の魚、生の野菜(必要最小限の加熱はされる)を美しく切り、美しく盛り付けることに最大の精力を使う。

かつて欧米で「寿司は料理とは言えない」と言われたことがあった。「あれは材料を重ねただけの、サンドイッチのようなものだ」。たしかに、米以外は原則として加熱処理されていないが、あれが加熱処理とは別の高度な調理方法であることは、今や世界中の多くの人が理解するところとなった。

もちろん、日本料理でも煮たり、焼いたり、揚げたりはする。しかしいずれの場合も、食材の味と姿を変えないために細心の注意が払われる。たとえば魚はなるべく姿のままで煮たり、焼いたりしようとする。食べなくても、頭や尻尾を切り落としてはいけないのだ。

切り身にしなければならない大型の魚でも、加熱はなるべく控えめにする。調味料や香辛料も抑えて、もとの味の良さを損なわないように配慮する。たとえばしょうがは、その風味を加えるだけでなく、魚のもつ匂いを消すために用いられる。

調理によって新しい味を合成するのではなく、個々の素材の味(の中で好ましいもの)を引き出そうとするのだ。野菜でも、「椀盛」(煮もの)の鉢には、もとの姿や色をとどめた三、四種類程度の色とりどりの野菜が少量、どれも一目で見えるようにおかれている。

美の追求

日本料理は宴会の食事でも茶の湯のように、**儀式であり、美術鑑賞でもある**という性格を強くもっている。まず、高級料亭は美しい庭を見せる場合が多い。

ヨーロッパのレストランにも、美しい庭園をもつものがあるかもしれないが、それは必要条件ではなく、ふつう、贅をこらすのは食堂の内装、花などの装飾、食器までだろう。個室は例外的で、通常は他の客もいるホールで食事をする。

高級日本料理店では、かなり多くの場合グループ用個室とそこから眺める庭の様や部屋の装飾(床の間の花や掛け軸など)が、出される料理の飾り付けや多様な食器と組み合わされ、相乗効果を生んで、その席の儀式性や美の追求度を高める。

料理は通常、個人別に供される(茶懐石ではいくつかのものが大皿で出されて、その場で取り分けられるが)。そこで**膨大な数と種類の食器**が必要となる。食器の美しさを重視するのは、ヨーロッパやシナでも同じなのだが、そこではふつう、柄のそろったものを使用し、形と大きさも一定のものが数種類用意されるだけだ。

フランス料理なら、パン用の小皿、前菜用、スープ用、主菜用、サラダ用などの皿、くらいではあるまいか。あとは給仕用大皿、飲み物用のグラス、ある種のデザートに対応したものなどで、料理直接用ではない。

日本の会席料理の場合は、まず献立の品数が多い。先に紹介したように、ふつうは十種類くらいになるのだから、フランス料理の標準的コースの倍以上である。そのうえ食器は、そのときの料理に応じてありとあらゆる形、色、模様の大皿・小皿、大小の鉢、椀、そして何と呼んでいいのかわからない形状のものからなる。

材質は陶磁器だけでなく、漆器、七宝、ガラス、金属、木、竹、藤、ときには紙にまで至る。この数え切れない種類の食器が、それに応じた料理の形状とよそおい方に組み合わされて宴の座を演出するのである。そこで日本料理は**「目で楽しむ料理」**と言われたりする。

フランス料理やシナ料理でも食器と盛り付けは重要で、それなりに美しく、凝ったものであるが、日本料理の場合とはその役割が少し異なる。フランス料理の「美」は、「味」に対してあくまでも副次的だが、日本料理の場合は「美」は「味」とともに独特の空間を作り出す横並びの主役なのだ。茶の湯で器や掛け軸をめでることが、茶を味わうこととならんで重要なこととされるのに似ている。

ヨーロッパ料理ではコースに型があり、種類と数をふやさないが、日本料理では種類（数）が多いほど高級とされるので、多数の食器の使用につながる。日本料理ではヨーロッパ料理のように「メインディッシュ（主菜）」がなく、コースに目玉がない。そこで、そんな料理に応じた多種多様な食器をそろえる必要が生じる。

会席料理（日本の宴席）は、食事であると同時に、茶の湯に似た総合的な**美的世界の演出**であり、精神性の追求だ。理想的な日本料理は、庭に臨む、簡素な装飾を備えた静寂な座敷で供されることが多い。

上に述べた多種多様な食器の上に、美しく切られ、みごとに盛り付けられた料理が盛られる。それは食物というよりも、生け花か何かの造形美術分野の作品としか言いようがない。味覚追求の比重はそれほど高くないのだ。

しかも料理は単に見た目に美しいだけではない。そこには**わび、さび、自然との一体感、季節感、簡素さの重視**など、日本の美的感覚のすべてが反映されている。そして献立全体で、ある種の自然、ある種の哲学的世界を描き出し、表現するのだ。そのような日本料理の美しさは日本庭園のそれと似通っている。

象徴主義

日本庭園、特に書院造りの部屋や廊下から眺める小さな庭には、大小の石が置かれ、さまざまな植物が植えられ、白砂または砂利が敷き詰められ、ときには滝を備えた小さな池が掘られる。

庭は大きくはないが、自然そのもの、ときには宇宙をさえ現わしている。大きな石は山であり、そこから落ちる小さな流れは川である。白砂で覆われた、部屋のすぐ前の地面は海を表している。

ただここで重要なのは、日本庭園が自然の写実的な模型ではなく、**象徴主義的な再現**であることだ。日本庭園はジオラマやミニアチュアのような模型ではない。象徴の力によって自然を感じさせるのである。川の流れは本当の小さな水流ではなく、石や砂だけで表されることもまれではない。白砂の上におかれた石は大洋に浮かぶ島々なのだ。

料理が写実的な自然描写をしようとしても、当然大きな限界がある。しかし象徴主義的な考え方に立てばさまざまな「描写」をすることやメッセージをこめることが可能となる。

たとえば刺身の生き造りの鯛はそっくり返っている。水中で魚がこのようにそっくり返っているわけではない。このような方法で魚の生命力を表現しているのだ。

この象徴主義は、さまざまな分野における日本の美学の重要な特徴だ。会食料理は部屋や飾り物、庭、食器などとともに季節感や自然観を象徴的に演出するのである。

ここで述べた美と精神性がいつも完全に追求できる条件がそろっているとは限らないが、いくつかの条件を欠いていても、できる限り理想形を追求しようとする。

たとえば、近年は調理人の技が重視されて、せまいカウンター式割烹が好まれるが、そこでも庭に代わる何か（たとえば内装や生け花など）を用意するし、限られた空間と労力の中でも、食器を使い回して、なんとか多彩にしようとする。

ビルの中にある料亭でも、壁の中に水族館の水槽のような空間を作って、坪庭に似せたり、竹を植えたりして庭園の代わりをさせるのだ。

日本料理 対 世界の料理

世界の料理四分類

通常、世界の料理は調理法その他の点から**四つに分類**される。ひとつはフランス料理を初めとするヨーロッパ料理、ひとつはシナ料理を初めとする東アジア料理、それからトルコを初めとするギリシャ、カフカス、中央アジアなどのチュルク系料理、そしてあとは残りを一括する「その他」である(インド、ペルシャ、アラブなどがふくまれる)。

では日本料理はそのどこに入るのか。この分類法によるならば四つ目のグループ「その他」に入ることになる。場合によると東アジア料理の扱いをされるかもしれない。もっとも、独立集団でなくても、また大きな集団の中心でなくても、日本料理が日本語同様、類例のない、ユニークなもので

あることは認められている。

日本はシナの端っこではない。日本語はことばとして、似ているように思われてもシナ語の親戚ではなく、文字を借用しただけの関係だ。日本料理もシナ料理に属するものではなく、まったく異質だということは、食べればすぐにわかる。

しかし、日本料理は世界の諸料理の中の小さな部分にすぎないし、これまでは外国に大きな影響を与えたわけでもないから、こうした分類を施す際に別個の独立した項目を設けるのが適当とは思えない。

世界の言語をインド・ヨーロッパ語族、ウグロ・フィン語族などに分類する際、いくら例外的性格を認めるにしても、日本語のために独立したカテゴリーを設けることはしないのと同じことだ。

しかし、ここで料理の質的性格に目を向けると、いささか異なる様相に気付く。日本料理は四つに分類される他の世界の諸料理とは本質的に違っているのだ。

千差万別に見える世界の料理には、すでに述べたとおり、**共通点**がある。すべての料理は**加熱調理**され、**合成の味**を求める。

日本料理も大部分が加熱されるには違いないが、その程度は最小限であり、素材の味を超えたり、新しい味を合成しようとはしない。求めるものが世界の他の料理とは異なっているのだ。

濃密な味と香りを求めて、フランス人ばかりでなく、シナ人もトルコ人もじつにさまざまなソースや合成の味を作ってきた。ここで非常に重要な役を演じるのは香辛料だ。それぞれの国(文化圏)の料理の味と香りはもちろん異なっているが、過熱の方法や料理の味の評価の仕方とその**基準の設け方**は似通っている。

だから上記の多様な世界の料理でも、典型的な形態は似てくるのだ(香りは大きく異なるが)。たとえばブイヤベースやボルシチのようなさまざまな具の入った濃いスープ、あるいは液体の中で長時間煮込んだり蒸したりする肉、薫り高いソースや調味料をつけた焼肉などはあちこちにある。ある種のサラダを除けば、生の魚や野菜は料理とは扱われない。それは料理の素材にすぎないからだ。

日本料理の特異性

以上の点は(他にもあるが)、四つに分類される世界の料理にほぼ共通しているが、**日本料理だけはこれと無縁**なのだからおどろく。日本料理の理想は生の素材と自然の姿である。魚なら捕れたばかりのもの、野菜ならついさっきまで畑にあったもの……

もちろん生で食べられるものは限られているので、日本人だって材料にいろいろな加工をする。だけど、それが必要最小限なのだ。しかも食材のもとの味だけでなく、姿、形、色までも最大限保持しようとする。

刺身がただ切った形ではなく、魚一匹丸々の姿で出される姿造りも特徴的だ。すぐ食べられるように身は切り分けられ、うろこや骨は外してあるのだが、頭と尻尾がついたままの背骨の上に皮の模様を残した切り身をのせて、もとの形を再現してしまう。魚は皿の上で生きているかのように見える。

丸焼きであっても、ローストチキンは生きた鶏のように見えるだろうか。そんなことを考えて調理されるだろうか(ウズラの丸焼きは首や翼部分を残すが)。

素材のもっている味を引き出すだけで、合成の味を作り出そうとしない精神も、日本料理が他の料理と違う点だ。そのような独立した日本風の価値観から見ると、世界の他の料理は相互に多くの共通点をもつように見える。

だから多くのフランス人は容易にシナ料理に慣れるだろう。同じくシナ人も初めて口にするフランス料理の一品がじょうずに調理されているかどうかを見分けるだろう。

しかしどちらも、日本料理の一品(たとえばすまし汁や野菜の煮物)がうまく調理されたものかどうかを、従来は味覚的に評価できなかった。求められている味の質が違うからだ。もっとも近年の和食の普及により、事情はかなり異なってはきているが。

世界の料理の中で日本料理が占める割合は量的にはわずかでしかないが、本質はまったく独特、格別で、他に例がない。だから本質的性格の点からすれば、世界の料理は、日本料理とそれ以外の料理の二種類に分けることが可能なのだ。日本料理はなんと、**世界の料理の二極の一つなのだ!**

ただし、これは料理の本質を分析した結果得られた結論であり、日本料理の特異さを示すものではあっても、優位性を意味するのではない。日本料理が、世界中の料理を合わせたくらいに価値があるなどと言っているわけではない。

日本の文化と価値観

かつては異国情緒として、限られた人の関心を引いたにすぎない日本の美学は、次第に文化圏を異にする多くの人々に受け入れられるようになってきた。能、茶の湯、禅、俳句などを理解して共感するのは容易なことではないだろうが、格別な知識がなくても鑑賞するのに差し支えない生け花や庭園は、徐々に広範な関心と感嘆を呼ぶようになっていった。

かつて見られた横柄・狭量な西欧文明独善主義は次第に薄れ、日本の美に限らず、異質な文明の良さをすなおに受け入れる態度が世界に広がっていった。

そのような風潮の中に、誰もが身近に感じる食物の新たな表現として、従来の味とはまったく異質の日本料理が登場した。

フランス料理に新しい世界を開いたヌーヴェル・キュイジーヌが主張した加熱時間の短縮、新鮮な素材ともとの味の重視、濃厚なソース依存からの脱却などは、伝統的なフランス料理に日本料理的な価値を導入するものではないか。

刺身や寿司への評価が高まると、和風レストランの装飾や食器を通じて「日本風」の美的センスが広範な層に無理なく浸透していった。美術品鑑賞だけではなく、身近な生活様式を通じて、「日本風」はエキゾチシズムではなくなり、欧米人の美的感覚の一部となっていったのだ。

日本的象徴主義は洗練された、高度なものと扱われるようになった。欧米人が**日本の美的感覚**を違和感なく評価できるようになった、と言ってよい。

広がったのは日本の美的感覚だけではない。勤勉さ、労働能率、技術面の細かさ、高い公衆道徳、思いやり、行き届いたサービスなどの日本文化・社会の特徴が高く評価されるようになった。欧米人の関心は歌舞伎や浮世絵にとどまらず、むしろ底辺の、生活の基礎的部分である労働や日常習慣に及んできたのである。

かつてはトヨタの「カンバン方式」、最近では東京駅における新幹線客室の短時間・高能率の清掃が驚嘆を呼び、視察の対象とされた。これらもまた、美的感覚をふくめた日本文化への評価を高めたのだ。

今や世界は「日本風」を理解し、学ぼうとし、ある意味では日本に近づきつつさえある。「おもてなし」ブームはそれに拍車をかけるだろう。この潮流の中で日本料理が果たす役割はとても大きいと思われる。

Chapter

4

読むガストロノミー

谷崎潤一郎から東海林さだおまで

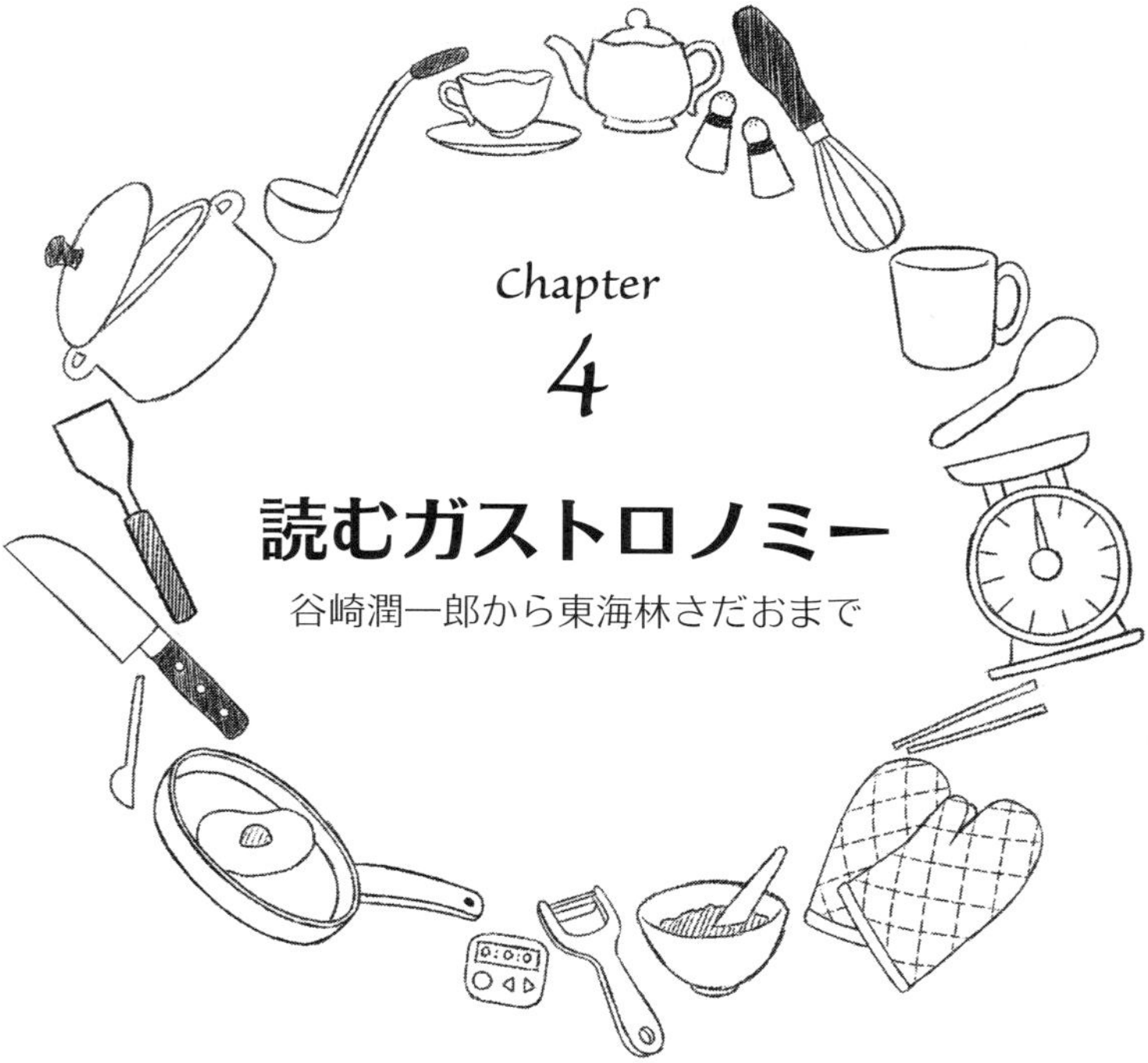

アームチェアならやはり本

ガストロノミーの世界は、アームチェア方式で行くにしてもなかなか奥が深い。この話なんてほんの手始めに過ぎない。あとはゆっくり楽しみながら、美沙ちゃん自身の世界を広げていったらよい。

手っ取り早くガストロノミーになじむ方法のひとつはテレビを見ることだ。純粋の料理法（作り方）番組から始まって、世界各国・日本各地・町なかの名店の紹介はありすぎるほどある。最近の旅行番組は名所や景色よりも、食事・喫茶とみやげの買い物ばかり扱っているようにさえ思える。

テレビの映像には、他とは桁違いの臨場感があり、行ったみたいな気にさせてくれるのはたしかだ。それに、なにしろ気軽に楽しめる。ただ、映像というものから記憶に残るのは印象だけで、役に立つ知識は頭に残りにくいのだね。大自然のすごい光景ならまだしも、料理がのった皿の映像くらいでは脳裏に刻まれないし、すぐ薄れてしまう。

そこへ行くと、本がもつ力は大きい。ふつうの意味の内容（情報量、知識）は、映像とは比べものにならないほど多いし、扱うことのできる範囲も、映像を必要とするテレビと違ってまさに無限だ。

味の世界は映像をもってしても再現できないのだから、想像力に訴える「ことばの力」のほうが大きい、とも言える。それに何回でも読み直せるし、あとから参照もできる。書物はアームチェア・ガストロノームの源なのだ。そこで、食と料理に対する関心と知識を高めてくれる本を少しくわしく紹介することにした。

これはじつは、おじさんのガストロノミーのいわば**タネ本**なのだが、美沙ちゃんには全部明かしてしまおう。

本屋の料理コーナーへ行くと、主に作り方を説明した本が、国別、地方別、材料別、種類別（家庭の朝昼晩の食事、弁当、接客パーティー）などに分類されて、ほとんど写真集みたいに大量のきれいな写真入りとなって並んでいる。目的次第でまさにより取り見取りだから役に立ちそうなのを自分で探したらいい。

今回の話でふれることができたのは、食と料理に対する心構え、その本質、フランスにおけるガストロノミーの輪郭、和食の特色などだけだから、厨房で実際に生かせる知識は、本やテレビで身につけてもらわなければならない。

ただ、ここで紹介しようとしているのはそういうノウハウものではなく、食と料理に関する楽しい読み物だ。調理方法を具体的に学ぶのではなく、読書そのものを楽しんでいるうちに知識も広がるような本。フランス料理と辻静雄に関しては、第二章でふれたので、繰り返さない。

学術書では、膨大な数の、過去の研究の積み重ねや周辺情報に関する参考文献を体系的に示すことになっているが、ふつう、その内容紹介や解説はつけない。ここでは数を限定し、ごく簡単ながら**内容紹介**とほんの一部の**引用**も添えることにした。自分で読むかどうかきめるのに参考になると思うからだ。多くの名文をほんの一部だけ引用するのはたいへん気がひけるけど、せめて少しでも原文の香りを紹介したかったのだ。

選んだのは、この分野で**時代を画した名著**と言われるもの、息長く読み継がれてきたもの、なるべく文庫版や新書版などになっていて今でも入手しやすいもの、そして最も大事な基準として、**読んで楽しいもの**にした。

技術的な内容の本、つまり純粋の調理法（レシピ）や食べ歩き（名店紹介）は原則としてふくめていないが、以下の読み物の中にもその類の有益な情報は多数含まれている。

どうしても古いものが多くなってしまうが、これらの本が、今に至る日本のガストロノミーを作ったのだから当然だろう。多くは文庫本になって、未だに読み継がれている。それにグルメ時代を反映して食関係の本は爆発的にふえたから、とても読みきれないし、羅列すらしきれない。新しいものは自分で探してちょうだい。

古いものだって、くまなく取り上げることはできない。そういう情報がほしければ、今ならネットで調べるという方法がある。これは簡単で大変便利だけど、羅列だから情報が多くなりすぎて、かえってもてあますのではないか。誰かが**おすすめの本**を選択してくれないと困るだろう。

そこで、選びにかかったわけだが、数が多いのにはあらためてびっくりした。苦労して選択した結果ここにあげたのは、独断と偏見によるおじさんの「おすすめ」だ。漏れはいくらもあるだろうけど、ここに出したのが、いずれもおもしろくておすすめできるものだということは断言できる。

作家たち

まずは作家によるもの。作家はさすがに文章がうまいので、読んでいるだけで味がしてきそうな本を生みだす。もっとも、かつての作家のほとんどは自分では料理をしなかったので、作る楽しみではなく、主に食べる楽しみに関する本であり、しかも圧倒的に当時の男の視点からのものになる。

だから作家によるこのジャンルの本の内容はガストロノミーというよりも、もう少しせまい**グルマンディーズ（食道楽）の世界**というべきかも知れない。あまり直接的な「教養」にならないかもしれないが(つまり調理知識の足しにはならなくても)、食はなによりも楽しくなくてはいけないので、楽しみ方の手本みたいなものだ。以下のほとんどはその分野のいわば古典。

食の世界にも強い関心をもつ作家の**丸谷才一**は、太平洋戦争後の日本の「食文学」隆盛について次のように書いている(邱永漢『食は広州に在り』の巻末解説)。

この手の読み物は**戦後**のほうが遥かにすぐれているような気がする。たとえば吉田健一の『舌鼓ところどころ』および『私の食物誌』、邱永漢の『食は広州に在り』、そして檀一雄の『檀流クッキング』は、そのことをよく示すだろう。いずれも傑作として推奨するに足るものである。戦後にこの種の良書が四冊も出たのは、やはり敗戦のおかげである。戦前の日本はむやみに武張っていて、禁欲的で、君子は厨房を遠ざくという鹿爪らしい気風が支配的だったから、美食や料理についての優れた本が書かれるための地盤はなかった。武士は食わねど高楊枝、腹はへってもひもじうない、粗衣粗食をもって人間の理想とし、日の丸弁当などという詰まらぬものを食べて戦争という力仕事をしようとさえしたのである。戦後そういう態度は払拭された。

何人かの食いしん坊作家たちが、長かった飢えと窮乏の時代が終わった太平洋戦争後しばらくたった時期に続々と傑作を生み出した。以下順不同だが、だいたい出版順になっている。

邱永漢『食は広州に在り』中公文庫（単行本初版は一九五七年）

台湾出身の作家が、食べることを人生価値観の中心におき、戦後の困難な生活の中でも個人として楽しみながら生きるしたたかさを示した。これは伝統的に食を軽視し、敗戦による価値観混乱の衝撃から立ち直れないでいた当時の日本人の度肝を抜いたものだ。その後彼は株の売買にも才能を発揮し、「金儲けの神様」となって世界中で美食めぐりを繰り返した。

ともかく桁外れの、超一流のグルメだ。この本はその分野の処女作であるが（その後も多数執筆、出版）、以下の引用はこの路線第二作『**象牙の箸**』（中公文庫）から。

> ふだん私たちが醤とよんでいるものをちょっと思い浮かべて見るだけでも、かなりたくさんある。一、辣椒醤（…）、二、豆瓣醤（…）、三、鹹蝦、または蝦醤（…）要するに、一口に美人と言っても、今日、ミス何とかと呼ばれる人々は決して一糸まとわざる美女ではなくて、自分の身体に似合った服装やアクセサリーを自ら選ぶことを知っている人々であろう。
>
> 醤とはいわばそうした衣装アクセサリーであるから、韓非も言うように、「（…）脂沢粉黛をして初めてその美を倍化させることが出来る」のである。醤をすすめる所以である。

その他の主な食随筆。いずれも中公文庫で『食前食後』『奥様はお料理がお好き』『邱飯店のメニュー』『食指が動く』、他多数。

吉田健一『舌鼓ところどころ』中公文庫（単行本初版は一九五八年）

うまいものめぐりの初期の代表的書き手だった吉田はその後も何冊か類書を出した。彼は戦前・戦後の日本の「常識」にたてつく生き方をした反骨の人だった（本職は英文学）。そういう人でないと、価値観が一八〇度転換した時代の流れを突き抜けてしまう食道楽の本なんて、なかなか書けるものではないのだろう。

本当は牡蠣を食べるのなら生のままが一番いいのであって、それを中途半端に牡蠣酢などにせずに、殻ごとのを自分で割ってレモンか橙の汁を掛ければ、牡蠣に関する限り、もう何も言うことはない。牡蠣はそうして食べられるように天然に出来ているので、それであの厚い殻を被って他の動物から身を防いでいるのである。

それを割って食べれば、まだ海の匂いもするし、海水に洗われた牡蠣の込み入った、ただもう味とでも呼ぶ他ない味が直接に舌に乗り、先ず二十か三十ならば瞬く間に平らげられる（…）一国、あるいは一都市の文化の程度は、そこでどれだけうまいものがどれだけ安く食べられるかということで決まるのであって、その点から見て広島も一流の都市である。

その他の主な食随筆。『私の食物誌』中公文庫、『甘酸っぱい味』ちくま学芸文庫、『酒肴酒』光文社文庫、など。

小島政二郎『食いしん坊』河出文庫（単行本初版は一九五四年）

このちゃきちゃきの江戸っ子作家は食随筆で戦後早くから世をうならせた。この本は雑誌『あまカラ』（後述）に長期連載されたものをまとめた単行本で、ご本人に言わせると「版が摩滅して用をなさないくらい」売れた。

日本中のいたるところで味わったうまいものを読者に紹介すると同時に、それを楽しむ作家たちとの交友が語られる。語り口が粋な読み物であり、戦後の食随筆のはしりだ。ただ、今読むなら、著者が八〇歳を超えてから編集・出版された、老いをものともしない健啖振りを示す**『天下一品』**（河出文庫）のほうがおもしろい。

ところが、牛のタタキを食わされて、サシミの食えない私にも、タタキなら食えてうまかった。しかし待てよ。タタキとビフテキとどっちを取るか、『お燗《かん》つきょうか、帯ヨ解《と》こか』と迫られたら、私は躊躇《ちゅうちょ》なしに帯を解いてもらうだろう（…）

博多のうまいもの、例えば松屋の鶏卵素麺、オキュート、料理屋の「やま禰《ね》」、正調博多節の名人お秀さん、水野と云うい丶宿屋、佐賀ボーロの北島……などを教えて私を楽しませてくれたのはこの人だ。

（『天下一品』）

獅子文六『食味歳時記』中公文庫、一九九七年（単行本初版は一九六八年）

戦前から戦後にかけての超売れっ子作家獅子文六は食いしん坊で、その作品にはしばしば各種の食べ物や食いしん坊が重要な役目を帯びて登場したし、食随筆も多い。本書は文字通り食に関する歳時記で、季節それぞれのうまいものを自分の舌を通して語る。

実際、鮎が好きだった。身の脆美さ、匂いの清らかさ、形のよさ、すべて、好きだった。一尾の塩焼きを、頭部も、尾も、全部食べ尽くさないと、気が済まなかった（…）六月一日の解禁を、毎年、待ちかね、酢に混ぜる蓼も、庭の片隅に植えて、その日のために備えた。そして、若鮎を手に入れて、ウマい、ウマいと、食べ終わると、夏が来たなという気持ちが、腹から湧き出した。

その他の主な食随筆、『飲み・食い・書く』角川文庫、『私の食べ歩き』中公文庫など。

檀一雄『檀流クッキング』中公文庫、一九七五年（単行本初版は一九七〇年）

この人も戦争中に満州を自炊放浪したり、戦後にはポルトガルの漁村に包丁持参で住み着いて毎日自分で料理をした経験をもつ、筋金入りの食いしん坊である。これは従来の料理手引き書の常識を無視した豪快なノウハウ本だが、食べ歩きの著書も多数。

梅干だの、ラッキョウだの、何だかむずかしい、七めんどうくさい、神々しい、神がかりでなくっちゃとてもできっこない、というようなことを勿体ぶって申し述べる先生方のいうことを一切聞くな。檀のいうことを聞け(…)塩に漬けるだけだ(…)

ガラス瓶を一つきばって、そこの中に漬け込み、床の間に置き、その出来上がりの梅干だの、ラッキョウだのを、毎日チラチラと生花のつもりで眺めて見るのは、愉快なことではないか。その梅干だの、ラッキョウだのの味の変化を、ときどき舐めてみたり、味わってみたりするのは、なおさら痛快なことではないか。

その他の主な食随筆。中公文庫『美味放浪記』『わが百味真髄』など。

開高健『最後の晩餐』文春文庫、一九八二年

以上の作家たちと比べると若い世代に属する開高も食に並々ならぬ情熱を注いだ作家だ。広く外国旅行ができるようになった時代の初期の人であり、探検家・釣り人でもあった彼の特徴は対象が未開地をふくむ全世界に広がっていること(当然とんでもないゲテモノ経験も含まれる)と、「開高節」とも称される語り口のおかしさと、食べ物の描写と修辞がおよそことばの限りをつくした絢爛なものである点にある。以下は辻静雄の宴に招かれたときの感想。

静謐にして豪壮、深遠にして端麗でもあるオーケストラがはじまった。スズキ、ヒラメ、カモ、牛肉、

どの皿も一片か二片のせているきりだけれど、それは氷山の一角なのであってその背後または下方に秘められたものはおびただしい(…)

深くて冷たい森であると同時に、しらしら明けの早朝に射す日光の生鮮でもなければならないのである。われらはそれを舌にしみこませ、それで舌を洗い、歯ぐきにまわして教えこみ、咽喉を愛撫してめざめさせる(…)鮮。美。淡。清。爽。滑。甘。香。脆。肥。濃。軟。嫩…

その他の主な食随筆。グルメ文庫『巷の美食家』『食の王様』など。

陳舜臣・錦墩『美味方丈記』中公文庫、一九八四年

シナ料理に関する本も、当然各種多数存在する。その中で本書は、料理法や解説ではない読み物として有名だし、おもしろい。

ナマコが海の人参として、中国で珍重されたのは、中国の近海であまりとれなかったこともあるでしょう(…)ものの本に、驢馬の陰茎でナマコのニセモノを創ったと言う記事が載っています。ナマコの主産地は日本です。徳川時代にも長崎から、俵に詰めて輸出されていました。ニセモノまで出たナマコですが、もちろん嗜好には個人差があります。中国でも日本人のように、その醜怪な形状をきらって、食べない人もいました。その代表的な人物はあの西太后です。このばあさんは、肉類、特にアヒルを好みましたが、海産物には冷淡だったといわれています。

池波正太郎　『剣客商売』『鬼平犯科帳』『仕掛け人藤枝梅安』などのシリーズで没後も人気の衰えないこの人は、戦前の若い、貧しいころからのグルメだった。作品のいたるところに江戸時代の食べ物が、思わず食べたくなるような筆致で描かれる。その好奇心と美味探しは江戸の世界にとどまらず、たびたびフランスのレストランめぐりにも出かけた。食味随筆も多数。

酒肴の支度をととのえたおはるが廊下へあらわれた。おはるは山椒の香りと共に居間へ入ってきた。山椒の葉を擂りつぶしてまぜ入れた醤油をかけ、焙り焼きにした烏賊が浅目の大きな鉢にたっぷりと盛りつけられ、そのほかに蕗の煮たものなどを出して、「あとで、先生の好きな浅蜊飯がありますよう」(『剣客商売』中『波紋』より)

その他の主な食随筆。『むかしの味』『散歩のとき何か食べたくなって』(以上新潮文庫)、『鬼平料理帳』『梅安料理ごよみ』(以上文春文庫)、他多数。

田辺聖子　この人は純粋の食随筆のようなものはほとんど書いていないが、その小説や随筆には関西の庶民的な小料理屋の品々や、自宅で飲むときに作る簡単な「あて」がひんぱんに出てきて、「上方の味」をほうふつとさせ、小説や随筆の場の雰囲気をみごとに作り出す。ぜひ関西へ行ってこういうものを味わってみたい、という気にさせる筆力はさすがだ。

そんなわけでおすすめの本は特定しにくいのだが、食べ物をいわば舞台回しにして中年の男女関係を描いた短編集**『春情蛸の足』**(講談社文庫)というのがある。その中の、書名になった冒頭の短編から。

幼な馴染は、何年会わなくても、前からのつづきが、すぐまた、はじまるようになっている。男同士にはそれがよくあるが、男と女も、幼な馴染に関する限り、そういう間柄になるようである。

ところでえみ子の連れていってくれたおでん屋は、まさに杉野が、あらまほしいおでん屋として思い描いていたような店だった。横丁を入ったとっかりの、十人も坐れないような小ぢんまりとした店、おでんのいい匂いがガラス障子にも鴨居にも沁みついている(…)

四角い鍋に、だしが波々と張られている。そのだしの色は澄んで、透明で、色は薄い(…)かんぴょうで口を結わえられた袋は、ママのいうところでは「きくらげ、にんじん、椎茸、銀杏、それにいとごんにゃくなんていうのが入っています。福袋、いうてますけど」

林 望『イギリスはおいしい』文春文庫(初版単行本は平凡社、一九九一年)

日本の古文書を研究する書誌学者のこの人は、イギリスでの仕事から帰国してこの挑発的な題名の本を書いたあと、読者の期待に応えて卓抜な観察と理屈を楽しませるたくさんの随筆集を出し、のちにはプロの作家になってしまった。

続編とも言うべき『イギリスは愉快だ』とともに、イギリスの風物とイギリス人たちの言動を魅力的に伝えて、読者をイギリス好きにさせるが、あのまずいイギリスの料理をいかにしておいしそうに描くか、も見どころだ。

英語には、主食と副食というような概念が、そもそも無い。これは実に意外だった。彼らのパンに対する態度を見ていると、それは主食と言うよりは、「何かをのせるための台」と評した方がむしろ適切であろうかと思われる。すなわち、主たるものは、その上にのせられる「もの」であって、たとえばそれがジャムやマーマレード(…)のごとくベタベタしていてそのままでは食べにくい、あるいはチーズのようにそのまま食べると風味が強すぎるので、これを少し中和したい、などという目的のためにそれをのせる台として、パンを雇ってくるのである。そうすると、明らかにこの場合パンは「副」であって、「主」ではない。

その他の食随筆。『新味珍菜帖リンボウ先生の料理十二ヶ月』小学館文庫、『いつも食べたい』ちくま文庫、など。

高田宏編『「あまカラ」抄一〜三』富山房百科文庫、一九九五年

ふつう、食随筆は長いものではないから、多くはまず雑誌に載せられる。そこで、のちにそれらをまとめた随筆集が編まれて一冊の本になるので、あまり数を書かない筆者のものも生き返ることに

なる。そういうアンソロジーの代表的なものがこれだ。

『あまカラ』というのは、一九五一～六八（昭和二六～四三）年まで二〇〇号出された食随筆の雑誌だった。そこに載った傑作を集めたのがこの本である。こういうものがあるので、作家に限らず大勢の人の食い物の話を読むことができる。以下編者の「解題」から。

「あまカラ」に掲載されたエッセーの数は、三〇〇〇本前後といったところだろう。その中には創刊号以来ほとんど毎月掲載された小島政二郎の「食ひしん坊」一九三回があり、数回とか数十回とかの連載もいろいろあるのだが、それでも著者の数はおそらく数百人、その時代の主だった書き手を総動員しているおもむきがある。ちなみに一九六四年二月号（一五〇号）の目次を上げてみよう。（ここでは題名を省略。引用者）

小島政二郎、大佛次郎、獅子文六、吉屋信子、笠信太郎、子母沢寛、小林勇、狩野近雄、玉川一郎、辻嘉一、葛西宗誠、佐藤春夫、石川達三、村上元三、谷内六郎、荒正人、夏目伸六、今東光、安藤鶴夫、国分綾子、吉田三七雄、竹中郁、戸塚文子。

（…）一〇〇ページにも満たない小雑誌に右のような執筆人が豪勢に並んでいる（…）「あまカラ」はたんなるグルメ雑誌でも食道楽雑誌でもなく、食文化誌としての優れた個性を持ってゆく。

東海林さだお『～の丸かじり』（シリーズ）文春文庫

以上に記したような多数の傑作が出たものだから、食随筆を書くことは容易ではなくなった（といっても無数にあるけどね)。その中で異色なのは漫画家の東海林さだおだ。笑いにまぎらわした鋭い指摘と分析を「売り」として、ごく庶民的なありふれた食物のことばかりを書きながら、誰もそれまでふれなかったホンネを露出させて笑わせる。

彼が量産する食の世界の描写は、ありふれた食事と食品を題材としながら、意外性と笑いの世界を繰り広げる。食べ物のことを題名にしていない随筆集にも、料理の自作や調理・製造現場見学をふくめた食べ物の話題が豊富につまっている。

豚足をしみじみ眺めると、これは明らかにバラバラ事件であることがわかる。足首が切断してあり、関節が外されており、たたき切った切断面が生々しい(…)豚足にへばりついているスジや筋肉は、頑強でなかなか剥がれない。だから誰でもくわえて引っぱる。首をねじ曲げて、歯と歯ぐきと目を剥き出しにして引っぱる。しかも剥き出しになった目には、なにやらケダモノじみた光が宿っている。大草原に突っ立っているシマウマの足首に、必死で齧りついているコヨーテと同じ目をしている。(『マツタケの丸かじり』より)

作家による美味探訪はきりがないので、文豪による大昔の奇作にご登場願って締めることとしよう。**谷崎潤一郎『美食倶楽部』**だ(長編ではないので、いろいろな題の文庫本におさめられている)。

谷崎は文中で美食を追求する人々の集まりをThe Gastronomer Clubと呼んでいるが、失礼ながら、この内容なら、The Gourmet Clubとしたほうが正確だろうと思える。文字どおりの美味追求の世界だからだ。

前に紹介したように、日本の食文学の傑作の大部分は戦後に生まれたが、もちろん例外はあって、谷崎のこの美食幻想小説はなんと大正八年に書かれた。大の食いしん坊だった谷崎は、各種の幻想小説を発表した作家活動初期に、美味を題材にした一作を試みずにはいられなかったのだろう。ただひたすら美食だけに陶酔する人間たちがたどり着いた、摩訶不思議な味の世界が描かれる。

その白菜―だか人間の手だか分からない物質は、あたかも舌の動くように口腔の内で動き始める(…)「動く」という点からすれば、どうしても人間の手に違いないのだが、動きつつあるうちに紛うべくもなく植物性の繊維からできた白菜である事がますます明らかに暴露される(…)しかもこれまでにかつて経験したことのないような、甘みのある、たっぷりとして水気を含んだ、まるでふろふきの大根のように柔軟な白菜なのである。

作る人たち

「グルメ時代」を反映して、一流シェフや板前でテレビの解説をする人や本を書く人がものすごくふえた。もちろんおもしろいものはたくさんあるが、だいたいは食材と調理、食の心得などの実践に関するものやご本人の感想で、その面からは興味深いが、読み物としての「おもしろみ」ではやはり作家たち、文筆家たちにはかなわない。

あまり多数出すわけにはいかないので、ここでは現在活躍する人ではなく、各分野のかつての**大御所**だった人物と、ユニークな論点を提供した人々だけを取り上げた。選択に偏りがあるのは認めるが、これはもう、仕方がない。

秋山徳蔵『味の散歩』中公文庫、二〇〇五年（単行本初版は一九五六年）

「天皇の料理番」と言われたこの人は一八八八（明治二一）年生まれだから、日本における西洋料理の草分け的存在といってよい。二一歳でフランスへ渡って修行し、二五歳で帰国するとすぐ宮内省大膳職初代主厨長となって大正、昭和両天皇の即位御大典の指揮をとり、半世紀以上天皇家の日常

の食事と宮中饗宴を担当した。一般人のための料理を作ったわけではないが、豪快な人柄と軽妙な随筆で知られる。

私は、料理人という職業にも婦人がドシドシ進出すべきであり、それが可能であると信じている。ただ、大料理店(西洋料理・日本料理を問わず)の料理人には不向きである。残念ながら力が足りない。力とは腕力のことであり、機動力のことでもあり、統率力のことでもある。何貫目もあるスープ鍋を、上げたり下ろしたりするのは無理だし、四、五人分の料理はじょうずにできても、五十人分ものオムレツをほとんど同時に作って出すというようなことになると、どうしても婦人の手には負えない(…)料理店でも、小ぢんまりした店なら、結構やってゆける(…)おかみさんならできて、女料理人にはできない——という法はあるまい。婦人は天性が料理のような仕事に向いているし、手先も器用である(…)しかしなによりも、情が細かく、真心の深いのが最大の長所である。料理でも、作るのは腕ではなく、けっきょく真心なのだから——

その他の主な食随筆、中公文庫『味』『舌』『料理のコツ』など。

村上信夫『帝国ホテル厨房物語』日経ビジネス人文庫、二〇〇四年

村上は三七歳で帝国ホテル新館料理長に抜擢され、東京オリンピックという戦後日本の晴れ舞台で選手村食堂の料理長をつとめた。さらに一九七〇年に帝国ホテル取締役総料理長となり、九六年

七五歳で退任するまでその任にあった。つまり、日本にフランス料理を根付かせた功労者だった。

これはその人がみずから書いた痛快な半生記だ。一二歳で両親をなくしてレストランの小僧となり、一八歳で帝国ホテルの下働きとなり、拳骨の下の必死の努力が認められて調理場に採用される。出征してシベリア抑留を経験するが、帰国後古巣へ戻り、社長命令によるパリ修行をへて、戦後日本のフランス料理を代表する人物になっていく。

この本は料理の本とはいえないが、ほとんど何もない時代をがむしゃらのがんばりで切り開いていく様は、日本という本来無縁の地でフランス料理が花開いていく姿と重なり合うような感慨をもたらす。日本におけるフランス料理発展史の挿絵になるような話も多い。

調理場の料理人に呼ばれると、我々がまず始めるのがせっけん水作りだ。ライオンの粉せっけんを調合して渡すと、コックはそれを鍋にぶちまけ、それから洗い場に寄越す。塩を入れてくる人もいた。鍋の底に残ったソースを指ですくって味を覚えようというもくろみは、木っ端みじんにされてしまった(…)

道が開けるきっかけは、鍋磨きだった(…)初めはなかなか気がつかれなったが、徐々にきれいな鍋が増えていく。調理場にぴかぴかの鍋が目立ち始めたある日、わたしが洗い場で仕事に励んでいると、ソースがほんのちょっぴり残った鍋が回ってきて「あっ」と驚いた。だが、がつがつ味見をしてげんこつが飛んでくると困る。調理場をうかがい、当番のシェフを見ると、ちいさくうなずいてくれた。一生懸命なめて、味を舌にのどに腹にしみ込ませた。

湯木貞一『吉兆味話一～四巻』暮しの手帖社、一九八二～九二年

一九三〇(昭和五)年京都に小さな割烹店を開き、日本屈指の料亭に成長させた湯木は、戦後の和食料理人の第一人者といってもよいだろう。一九八八年には料理人として初めて文化功労者に選ばれた。

茶懐石を基礎とする和食の型を作り出す一方、辻静雄とともにヨーロッパ・レストランめぐりの旅に出かけ、各地で一流シェフと交流して、日本食の魅力を広めた。松花堂弁当の考案者としても知られる。

この本は、湯木の話を、一世を風靡した雑誌『暮しの手帳』編集長の花森安治がまとめたもの。なお、旧版四巻は絶版となり、現在では新版として旧一巻のみが出ている。

> 鮭の皮のよく焼いたものは、いいものですね、貴重品です。鮭をおろしたら、身を取ってしまって、皮の方にちょっと身を残す、それを焼いて鮭茶にします。これはうちでも、高級な料理と考えています。(…)背の方の身は、厚さの三分の二までとってしまいます。お客さんには、皮の焼いたのを鮭茶にして出します。(…)鮭の皮は串をうって焼きます。これは焦がさないとおいしくありません。

辻嘉一『味覚三昧』中公文庫、一九七九年
裏千家専門の茶懐石料亭「辻留」に生まれ、家業を継ぐ。東京の銀座、赤坂などにも進出するかたわら後進の指導に当たり、日本料理研究家としても、食随筆の大家としても名をなした。著書は八〇冊以上にものぼる。

生きたエビを食べよく五六切りにする時、艶っぽい紅色がかった美しい身の弾力の包丁ざわりで――そのおいしさがわかり――甘味と書いてウマミと読ませることも、もっともだと思うほど、ほのかな甘味を持つ、独特の歯ざわりのうまさをもっております。
舟盛りというのは、頭と胴を放して、肉を取り去った殻を、頭と一緒に塩茹でして、頭の中へ胴の内面を上にして突き込むと、あたかも舟の形のようになります。その上に生身を盛り上げ、岩茸とおろし山葵を盛り添え、醤油とともに差しだします。

その他の主な食随筆。中公文庫『辻留ご馳走ばなし』『包丁余話』『滋味風味』、他多数。

玉村豊男『料理の四面体』文春文庫、一九八三年
この人は食文化を中心として多様な活動をしてきた文筆家だが、実際に料理を作る話に他にはない説得力があるので、「作る人」扱いとさせてもらう。すでに紹介した本書は、早くから一般の料理書の非科学性に挑んだ著者のいわば「料理学原論」である。この本だけでなく、玉村の料理の本はこ

れから料理を作ってみようという人にとって本当にためになる教科書といえる。

具体的なことがらのひとつひとつを知り、覚え、実行していって、その経験の中から一般的な原理を導き出していこうという、いわゆる〝帰納的〟な方法は、オーソドックスではあるけれども、非常に時間のかかるものである(…)風土によって、得られる材料や調味料は異なるとはいえ、料理の方法じたいにはそう変わりようはないのではないか(…)わずかの実例から料理の一般的原理を強引に見つけ出してそれを提示しよう、というのが本書の試みである。

そのほかの主な食随筆。『グルメの食法』『パンとワインとおしゃべりと』(以上中公文庫)、『男子厨房学入門』『食いしん坊グラフィティー』(以上文春文庫)、他多数。

桐嶋洋子『聡明な女は料理がうまい』文春文庫、一九九〇年

この人も調理人ではなく、文筆家である。この本は自宅で作る料理を、どうしたら「惣菜」ではなく、しゃれたものにできるのか、という今回の課題のひとつの心強い参考書だ。単行本初版は一九七六年に発行されてベストセラーとなった。巧みな文章でつづられ、食に関するみごとな信念を底にもっているが、内容的には簡素化した調理法入門書といえるもので、ガストロノミーへの導入でもある。

進取の気性に富んだ彼女たちは、おもしろい味に出会うたびに、その作り方を取材研究してレパートリーに加えていく。仲間のだれかが外国から帰ってきたりすると、こんどはどんな料理法を仕入れてきたかと、一同舌なめずりして、その披露宴を待ちわびる(…)

また、古典的な料理の文献を調べて、昔の味を再現する趣味をもつ人もいて、ナポレオンが寝起きに食べたオムレツや、楊貴妃が美容食にした野菜スープや、伊藤博文が鹿鳴館ですすったイセエビのビスクの味を私たちに追体験させてくれる(…)家事、特に料理という人間生活の基本能力を手放したウーマン・リブなど、とても危なっかしくて見ていられない。

魚柄仁之助『台所リストラ術』農山魚村文化協会、一九九四年

この本に限らず、魚柄の書くものは奇書・怪書と呼ばれる資格十分だ。和食料亭に生まれながら、古楽器・古道具屋を経営したり、ギタリストをするかたわら、家庭料理の質的向上を目指す食生活研究家となった。その特徴は、ひとりひと月の食費が九〇〇〇円という驚異の倹約ぶりと、乾物の徹底利用などの栄養学的な合理主義である。話の展開も巧みだ。

前にも書きましたが、一人一ヶ月九〇〇〇円の清貧健康美食を支える縁の下の力持ち、それが「乾物」です。乾物はその名の通り、日に干して乾かしたものですので、いたみにくくて、軽く持ち運びやすいものです。また水分が抜けた分、味も濃厚になっています(…)悲しいかな戦後は食習慣が欧米化

したため、使わない人が多くなりました。今日に至っては、もはや使い方が分からないという人のほうが多いくらいです。

また、手間や時間がかかってめんどくさいという誤解も多いようです(…)私は広口のビン、俗にマヨネーズビンと呼ばれるものに乾物を入れています。台所の棚にズラーッと並んだ乾物ビンの前に立ち、明日の献立を考え、必要な乾物を鍋にとり、水を張っておきます。これを翌朝煮るのです。

この他に、農文協から『清貧の食卓』、『生活リストラ術』など。

研究者たち

食に関する教養ということになれば当然、多数の研究者が重要な役を担うことになる。人類の食の歴史、世界各国の食文化の話などからはじまって、米の話、パンの話、麺類の話、じゃがいもの話、塩の話、香辛料の話、チーズの話、ワインや日本酒などアルコール飲料の話、茶、コーヒーに関する

話、ケーキや甘味の話などで、一般向けの読み物になっているものも多い。

以下は、そういう研究書のなかで、読んでおもしろい読み物を取りあげた。

北岡正三郎『物語　食の文化』中公新書、二〇一一年

食物、飲み物、料理、食事の全般にわたり、昔から今までの歩みをたどり、世界各国の様相を語った、まさに「食の教養」の正統的概論。末尾に参考書を上げ、「さらに食文化の知識を求められる方に適当と思われる本、(…)本書の次に読むべきもの(…)」と言っていることが、この本の入門的性格を物語っている。以下に紹介する本と比べると新しいが、この項で最初に取り上げるのがふさわしい序論だ。新書としては大部の三六〇ページ。

柳田友道『うまみの誕生』岩波新書、一九九一年

これは発酵食品の概説書のような本だが、人類が開発した加工食品のじつに多く(日本の醤油・味噌や納豆・鰹節だけでなく、チーズなどの乳製品、ふつうのパン、ほとんどすべてのアルコール飲料)が、じつは発酵現象を利用した食品なので、おのずから太古からの世界の食品加工全般にわたる話となっている。

人類の食生活は狩猟中心の時代に始まり、やがて農業や牧畜の展開によって食糧の量と種類とが豊富になることによって安定化され、手に入ったものから食べるという生活から、より好ましいものを選んで食べるという生活へ進んでいった。

そのような過程をへて、五感をはたらかせる味覚を大事にしながら、食事をトータルとして楽しむという風潮が育った。これがガストロノミー（美食学、食道楽）という言葉で表現される人々の一つの欲望となったのである。

石毛直道監修『講座　食の文化』（全七巻）農山魚村文化協会

日本の食については多数の文献があるが、本格的なものはこれだろう。ただ、こんな大部のものを読め、とすすめるわけではない。もっと軽いものなら、

熊倉功夫『日本料理の歴史』吉川弘文館、二〇〇七年

これはスタンダードな、広い読者層向けの日本料理の歴史。

大久保洋子『江戸の職空間』講談社学術文庫、二〇一二年

オーソドックスに奈良・平安時代からの料理の歴史を追うのではなく、江戸後期に発達した庶民の外食（すしやてんぷらなど）をていねいに紹介したあと、それが今日の日本料理の完成に結びつい

てゆく、というわかり易い筋道を平易に解説している。

こうした食事情の中で、家で食事を作れない人々―独身男性や住みこみの人々が、その場で食べられるファストフードを愛用していたのである。とくに串を用いて食べやすくしたてんぷら・でんがく・蒲焼・だんごに、手でつまんで食べられるにぎりずし・餅菓子類(大福など)・饅頭そして水菓子の切り売りなどに人気があった。

くわえて汁を伴うそばきり・ところてんなどもあり、これらは路上で、屋台やそれに準じたこしらえ(屋根なしの台に並べたり、樽上に品物をのせ傘をさしかけたり)のもとで売られていた。

大塚滋『食の文化史』中公新書、一九七五年

早くから食事や料理を文化、社会現象として捉えてきた著者のロングセラー。今では常識となっている視点が、本書刊行当時はとても新鮮だった。ガストロノームはまずこういう地道な知識を身につけなければ、ぜいたく美食談義か自慢に堕してしまうおそれがある。

飛鳥時代の禁令以後数百年経って、猪、狸、雉、鴫など野生の鳥獣を「狩」して食べることは少しずつ行われるようになっていても、日本人は自分で飼っている鳥獣(牛、馬、鶏など)を食べようとはしなかったわけである。近世にいたるまで、ついぞ食べる目的で動物を飼ったことのないのが日本人だっ

た(…)

それから鶏肉がたどった道は、獣肉食とは反対の方向だった(…)鶏肉の方は幕府や諸藩によってむしろ奨励され、オランダからはよい外国種も導入されて、江戸時代には鶏の飼育がたいへん広まった。

石毛直道『食事の文明論』中公新書、一九八二年

世界の食文化を文化人類学の立場から論じることの第一人者の著書。洗練された高度な料理を主な対象とするここでの話とは視点が少し違うが、料理を論じるのなら、その基礎となるこのような事項は知っておくべきだろう。対象を世界各地に広げて書かれたのが『食の文化地理』(朝日選書、一九九五年)。

近代になって成立した欧米の食事の形式では、正式の宴会料理であっても、オードブル、スープ、魚料理、肉料理、サラダ、デザートといったぐあいにコースが決まっており、一回の食事に供される料理の品数は数種類以内に限られている(…)

それにたいして、一回の食事に供される品数がおおければおおいほど、ごちそうであると考えるのが日本人の食事観である。品数をもって料理の格を決めるのである。松定食と竹定食の違いは料理の質にあるのではなく、品数の差にすぎない。そこで、宴会料理には際限なくことなった料理が運ばれてくることとなる。

その他の主な食文化に関する論文が、『食生活を探検する』（文春文庫）、『食いしん坊の民族学』（中公新書）、『文化麺類学ことはじめ』（講談社文庫）、その他多数。

小泉武夫『酒肴奇譚』中公文庫、一九九七年。

この人は発酵学を専門とする大学教授だが、強烈な好奇心と食欲の持ち主で、全国津々浦々そして世界中を歩いて貪欲に食と酒を探検し（「味覚人飛行物体」と自称する）、その次第を本に書いた。饒舌で愉快な文体の著作はなんと一〇〇冊以上になるのだから、本職の作家並みだ。本書では日本酒と肴にまつわるさまざまな薀蓄《うんちく》を披露している。

大昔、実際に口噛み酒を醸《かも》しましたのは、女性であったのです。酒は農耕の神への大切な供え物でありましたから、神に捧げる酒の醸し役は神聖にして汚れを知らぬ神の子として常に処女があてられていたのです。純白の衣装をまとい、額に白い鉢巻をして、容器である小さな桶や壷の周りに数人あるいは数十人の女性たちが集まって、飯を口に入れてはクチャクチャと噛み、噛んではペッペッと吐き出し、また噛む、吐く。こんなことを繰り返して酒を醸していたのです。

その他の主な食随筆。中公文庫『奇食珍食』『食は胃なもの味なもの』、新潮文庫『不味い！』『絶倫食』、文春文庫『くさいはうまい』、文春新書『発酵食品礼讃』、日経ビジネス人文庫『食に幸あり』、その他多数。

フェリペ・フェルナンデス＝アルメスト（小田切勝子訳）**『食べる人類史』**ハヤカワ・ノンフィクション文庫、二〇一〇年

全世界的視点から見た人類の食事の歴史。

アントニー・ローリー（池上俊一監修）**『美食の歴史』**創元社、「知の発見」双書、一九九六年

豊富なカラー図版を多数載せたヨーロッパ（主としてフランス）のグルマンディーズの歴史。図版で示されてこそわかる部分があり、ながめるだけでも楽しい。

太木光一『話題の食材事典』旭屋出版、一九九九年

食材を網羅した本も色々あるが、これは魚介類や野菜・果物、肉などの図鑑ではなく、国や地域別に、ある程度の加工食品や調味料もふくめたもので、かなりの解説がつけられている。どんな料理が可能なのか、想像しながら読むと楽しい。

勝見洋一『中国料理の迷宮』講談社現代新書、二〇〇〇年。

シナ料理を解説する本は多数あり、その宇宙を垣間見させるものも多いが、今回はシナ料理自体にあまり触れていないので、本もこれだけにとどめる。図版もあまりない二六〇ページの新書版だが、シナ料理を概説する読み物として、簡潔でおもしろい。しかも食と料理の多様性や変遷だけでなく、その背景となる歴史的、政治的な事情が軽い筆致で述べられる。特に共産党革命の影響や、著者が経験した文革時代の話が興味深い。

私がパクパク食べていると、周囲の人は紙のテーブルナプキンを小さくたたんで、その上に宝石のように銀杏《ぎんなん》を並べ始めたのだ。何をしているのかと、私は銀杏についたスープを丁寧に拭いている隣の人に聞いた。

彼は一人分ずつ配られた菜単（メニュー）を指差した（…）なるほどよく見ると銀杏のひとつひとつに字が彫りこんである。毛沢東の詩の一節であるらしい。こんなものを食べたら罰が当たる、というわけだろう。そればかりか、スープの中に偉大な毛沢東の精神が乗り移っているといって、泣きながらスープを飲むのだった。

「その銀杏はどうするのです」と私は通訳を介して全員に聞いた。「家宝にしますよ。フォルマリンにつけて」という答えが返ってきた。

各国料理そのものの全般的紹介なら、フランスのところであげた農文協の『世界の食文化』全二〇巻が圧巻。文化人類学的、歴史的、実践的、等々あらゆる面から論じる、まさにガストロノミーの世界だ。これ以外にもあるだろうが、イタリア、スペイン、ドイツ(その他アジア諸国も)などの料理の全体像を知りたければ、これがベストだ。

麻井宇介『比較ワイン文化考』中公新書、一九八一年

ワインに関する本も挙げきれないほど多いので、対象から外したが、この本では醸造の専門家として本質を見きわめた、それでいてわかりやすい解説がなされているので、例外的に取りあげた。とかくもったいをつけることの多いこの分野の類書に比べて「科学的」であり、納得がいく。副題が「教養としての酒学」となっており、世の有名「ワイン通」たちに振り回されがちな私たちの心強い味方になる。

> ワインとは(「ブドウから作る酒」なのではなく)発酵したブドウ果汁である(…)ここで大事なのは、ワインが酒であるということではなく、ワインがブドウ果汁から作られた、ということにある。清酒作りにも酒造好適米といわれるいくつかの品種がある(…)大麦にもビール醸造用の品種がいろいろある。しかし、それらの品種を、食べてみた味の違いから論じる醸造技術者に出会ったことはない(…)
>
> ワインは保存と輸送のきかないブドウを原料とするゆえに、品種に由来する多様さに加えて、さら

に栽培地の気象条件、地質、地形などの自然条件や（…）醸造技術にみられる伝統性が、ワインのタイプを一層豊富にしてきたのである（…）ワイン作りは農業に宿命的に内接しているが、ビール、清酒、ウィスキーなどは農業に外接し、工業化が進むにつれて分離していったのである。

ここではつまり、原料に直結しているワインを他の醸造アルコール飲料と安易に比較してはいけない、ということが説かれている。たとえば、日本酒と原料の米の問題をワインとブドウの関係と同じように論じることにはあまり意味がないことがわかる。

宮下規久朗『食べる西洋美術史』光文社新書、二〇〇七年

西洋美術史家が、レオナルド・ダヴィンチの「最後の晩餐」を初めとする多数の食関係の絵画を紹介する。食材、調理、食卓、宴会を描いた各時代の絵画は、文字による歴史や解説とはまた別の理解を広げ、想像を楽しませてくれる。こんなものをふくめて楽しむのもアームチェア・ガストロノミー「食の教養」なのだよ。

番外——映画とテレビ

映画とテレビ番組は、保存と再生が本ほど簡単ではないので扱わないできたけれど、それぞれひとつだけ、どうしても挙げておきたいものがある。映画では、すぐれた料理がいかに大きな力をもつか、ということを抑制の効いたトーンで描いた一九八七年製作のデンマーク映画『**バベットの晩餐会**』だ。ＤＶＤがあるから、その気になれば見ることができる。

一九世紀後半のデンマークの貧しい寒村で（デンマークが豊かな酪農国家になるのはこのあとの時代だ）、牧師だった父から教えられた信仰だけを生きがいとし、食を楽しむことは神の教えに反すると考えている未婚の老姉妹のもとに、あるとき革命（パリ・コミューンの乱）後の反動のフランスから命からがら逃げてきたひとりの女性が女中として住み着く。

何年かたったあるとき、彼女は宝くじにあたって大金を得るが、感謝の気持ちを表したいので、故牧師をしのぶ生誕一〇〇〇年記念日の料理を、材料費から調理まですべて自分もちで作らせてくれ、と申し出る。そして故牧師を慕う貧しく頑迷な村人たちとゆかりの人が招待される。

次々に届く見たことのない食材は村人を驚かせ、記念日のご馳走は悪魔の誘惑だから楽しんではならない、と戒め合う。この女性はじつはパリの一流レストランのシェフだった。

その彼女が粗末な台所を使って作り出す本格的なフランス料理は見ものだ。まず、おこぼれにあずかる下働きの人たちがその味にすなおに魅了される。村人たちはつられないように懸命にがんばるが、そのおいしさに負けて徐々に心を開いてゆく。そして私たちはその様子を見て、料理と美味の力を納得させられるのだ。

映画としてもよくできていて、前半は、なぜこんなつまらない話を延々と続けるのかと思わせるのだが、バベットが材料を取り寄せるあたりからがぜん熱っぽくなり、前半のつまらなかった話がみな伏線となって、皆が自然に踊りだす感動的なラストシーンにつながってゆくのだ。


テレビ番組としては、もうかなり長いこと続いているので、いつ終わってしまうか心配だし、オンデマンド・サービスに入っていないから、今のところ、あとからでは見ることができないのだけれども、NHKの長寿番組**「キッチンが走る」**をあげたい。美沙ちゃんだって、ときどき見たことがあるだろ?

これは和洋中などの有名シェフが、舞台回しの役をつとめる俳優と共に全国各地の食料生産地を、キッチンを備えた特別仕様の小型バスで回り、現場で食材生産者の思い入れを取材し、選ばれた特産品の数々を自分のコース料理に仕立て、それを生産者に試食させる、という番組だ。

各シェフはその土地の食材を使って、どのように生産者の思いと土地柄を**料理で表現する**かにくふうをこらす。生産者は誰もが、自分の作ったものが「思ってもみなかった姿に変わり、しかもその本質を表しておいしい」と驚嘆するのだが、見ているほうも、そのみごとな出来栄えに料理の力、メニュー（皿の構成）の表現力を感じる。

私たちはもちろん、一流調理人のようなアイデアと技をもつわけではないし、こんなに特徴のある食材を手にするわけではないが、なんとかその精神のまねをして自分の料理の幅を広げたい、気持ちを料理で表現したい、という思いに駆られる。そんなわけで、この番組は私たちしろうとシェフのお手本だ。

Chapter

5

我が家の食事会

おもてなしは手抜きで作るコース料理で

ままごとのすすめ

美沙ちゃん。

これまで、料理とは何なのか、ガストロノミーと、それを生んだフランス料理とはどういうものなのか、私たちの食べる日本料理（和食）の特徴とは何なのかを考え、アームチェア・ガストロノミーの友となる名作を紹介してきた。

これらの話は料理実践には直接関係しないことばかりだった。だから最後になってしまったけれど、少しは作り方にもふれておこう。と言っても、調理法の手ほどきではなく、パーティー・メニュー作りのアイデアだけれど。

「おもてなし」やってる？

今や「おもてなし」は日本文化の良さを表す例とされるようになった。食卓はその主役のひとつだ。だけど、私たちは「おもてなし」を本当にふだんからよく実行しているだろうか。友人や知り合いを自宅に呼んで食卓を囲むことが多いのはむしろ欧米の人たちではないだろうか。

欧米人の自宅での招待会食のもとをたどれば、上流階級の社交の晩餐会だったのだろうが、今ではふつうの市民の日常生活、幅広い交際方法の大事な一部分になっている。アメリカでは一度に大勢の客を呼ぶ簡単な立食形式のもの（カクテル・パーティー）や飲み物持ちより形式（BYOB）も多い。だから映画にもそういう場面がよく出てくるが、日本のテレビドラマで何人もの登場人物に会話、交流させる必要があるときは、行きつけの飲み屋を舞台にすることが多い。家庭パーティーでの顔合わせや、客が何組もいる食事会みたいなものがあまりないから、そうするしかないのだ。

日本の社会でそういう会食があまりない理由はいろいろだろう。そもそも、**伝統・習慣**がない。昔から冠婚葬祭を中心とした大がかりな宴会というものはあったけれど、あれはたまにしかおこなわれない、社会的・儀式的な性格の濃いハレの場か、公式な接待の場だった。あれが日常的な交際の一部と言えるだろうか。

男だけが外の飲食店に集まる酒盛りは江戸時代からさかんにおこなわれてきた。江戸時代の侍はヒマだったし、明治以降も太平洋戦争後も、「交際費」に助けられて料亭に通う者、自腹をさいて居酒屋に居座る者の差はあったが、男たちは皆家庭と奥さんを放り出して飲み食いに励んだ。こんな風習は欧米にはあまりないし、ここですすめたい「もてなし」ともあまり関係ない。

日本では、男尊女卑の傾向があったからか、親類縁者の集まり以外では夫婦そろって、あるいは家族ぐるみで他人と会食をすることがあまりなかった。だから今になってやろうとしても、どうやってよいかわからない。習慣に育てられた**型がない**のだ。

日本で現在家庭パーティーがあまりおこなわれない別の理由のひとつは、住宅事情かもしれない。特に大都会周辺では、ご近所付き合いをべつにすれば、お互いの住まいが遠いので、呼んだり呼ばれたりしにくい。

次に、マンション住まいがふえたので、自宅に人を呼んで設宴する場所の余裕がない。できなくもないのだが、親戚以外の他人を狭苦しい家に呼ぶ気にはあまりなれない。

それに従来の客のもてなしでは男があまり働かなかった。亭主はでんと客の前にすわり、料理屋の場合と同じように、手をたたいて「おーい、酒」とどなったりしていたが、そんな流儀はもう通用しない。

昔の奥さんたちは、いわば料理人と給仕係をかねた女中さんだったが、今どきの奥さんでそれに耐える人なんてあまりいない。一方で、奥さんを主役に立てて、自分は調理をふくむ裏方に回れる男なんて、めったにいない。

ただ、近頃ではだいぶ変わってきているかもしれない。もはや昔風の宴会のやり方にとらわれなくなってきた、というよりもたぶん、そんな宴会のやり方のほうがめずらしくなってしまった。交際方法なども夫婦同伴がふえて、良い意味でかなり脱日本化している。

食べ物や飲み物の持ちより形式をとることもめずらしくないし、アメリカ式に大勢集まるパーティーが開かれることもあるようだ。心理的にだんだん気軽になって、古いしきたりにとらわれなくなったのが大きい。

これからの食事会

これから自分のうちを構えることになる美沙ちゃんには、日本の伝統的「おもてなし」精神を残した、しかし現代にふさわしい新しい型の会食と接待という交際を気軽に楽しんでもらいたい。そしてそこで**料理の腕をふるう**だけでなく、ガストロノミーの**知識と知恵を生かし**てほしいのだ。

しかしそんなときでも、純粋に料理の腕がしめる比重は半分くらいだと思う。どんな食べ物を組み合わせてその場を演出するのかが最も大事で、それができさえすれば個々の煮炊きや味付けに関しては名人でなくてもだいじょうぶなのだ。

食卓は一皿ではなく、コース全体で成り立っている。せまい我が家のリビングのようなところでも、格別しゃれた料理ができなくても、出すものがうまく調和して、なごやかな雰囲気になればいいのだ。

高級料理でなくても、サービスが行き届かなくても、もてなしの気持ちが一回のコースにじょうずに表れればいい。

おじさんが若いころすごしたソ連時代のモスクワでは、住宅事情も食糧事情もけっしてよくはなかったが、ロシア人たちはせまい部屋に大勢の友人を詰め込んで、パーティーを楽しんだものだ。それが不自由で貧しい**社会主義時代のオアシス**だったのだよ。

物資が乏しいだけに、料理構成からは主人側の努力（と好意、そして時には、そんな食品を入手できた自慢）が強く伝わってきた。

今のロシアは当時とは比べものにならないほど豊かに、そして自由になった。ところが貧富の差が大きくなり、毎日が忙しく、世知辛くなって、昔のようなパーティーと交際の場はかえってへってしまった、と聞いている。皮肉なものだ。

日本でも物質的にはとても豊かになったが、気持ちのゆとりがすっかり失われてしまったように思う。なんだかいつもせかせかしている。客が来てのんびり食事をしていくことは、昔のほうが多かったような気がするのだ。

せわしない現在の生活の中で、そしてせまい我が家で会食をするには、若干のくふうというか、コツが要る。何よりも肝心なのは気の持ち方や日ごろの交友関係だろうが、そうなると人生論になってしまうから、ここでは料理と食卓に話を絞ろう。

もてなしの雰囲気を作ろうと思ったら、食事をふだんとは違った、少し華やいだ**コース料理**にするのがなによりだ。それは調理技術の名人芸というより、食卓全体をどうプロデュースするかの技だ。魅力ある食事会というのは、細かい調理の腕よりも、**組み合わせのアイデア**の勝負なのだ。

ふだんの家庭料理やお惣菜には価値がないとか、そこへ人を呼んではおかしい、とか言っているのではないよ。毎日の食事も大事にしなければいけないし、時と場合次第で、そこへ人を呼んでもちっともかまわない。ただ、今回はそうではない、ちょっと**「よそゆき」**のやり方の話をしようとしているだけだ。

コツは**「ままごと」**の精神だよ。今の子どもたちがどの程度ままごとをして遊ぶのかは知らないけど、昔は女の子の遊びの中でとてもさかんなものだった。まず、主人公は「お母さん」だが、お父さん役も大事だ。棒切れを振り回して走り回っていた男の子が呼ばれて、神妙な顔をしてござの上にすわる。あとは人数に応じて、お兄ちゃん、お姉ちゃんやお客さんが陪席して、おもちゃの食器を使って、木の葉や泥をこねたご馳走をいただくふりをするわけだ。

お客様ごっこ

このどこがコツになるのか、だって？　……精神だよ、**「お客様ごっこ」の気持ち**。我が家でやるのはりっぱな宴席のままごとなのだと思ってしまえばいい。そのように演出するのだ。

家の広さはどうにもならないけど、食卓周辺くらいならそれらしく整えられる。せまい部屋でも、少し片付けて、花でも飾ろう。テーブルクロスはきれいなものにしよう。ナイフ、フォークは一対出せばよい。高級レストランやホテルじゃあるまいし、欧米だってふつうの家庭なら何組も出したりはしない。紙でもいいからナプキンも用意する。

これから結婚しようとしている美沙ちゃんを相手に話をしているから、客接待のことばかり言っているけど、客がいなくたって、ときどきふだんとは違う**家族パーティー**をやることはできる。精神は同じだよ。

せわしない毎日の中でも、**誰かの誕生日**とか、**何かの記念日**とか、家族皆で祝うことがある場合には、ハレの気分で少しぜいたくな、凝った「よそ行き」の料理を作るといい。毎日のおかず作りからの気分転換になる。

料理構成を考える際に大事なのも気分と演出だ。なるべくちゃんとしたレストランや料亭のコース料理のように、つまり正規の食事会のようにする。だからここでは**ふだんの食べ物（惣菜）**を出してはいけない。

たとえばアジのフライとか、鶏のから揚げとか、ハンバーグとかは出さない。和食なら、干物とか、肉じゃがとか、ひじきの煮物とか、サバの味噌煮とかは避ける。

こういうものが食い物としていけない、と言っているのではないよ。ただ、あまりにもふだんの「おかず」みたいだと、パーティー「ごっこ」の幻想を崩してしまうではないか。

もしその手のものを出すのならば、ちょっとした化粧を施す。たとえば、アジなら、大きいものを開きでなく半身にして（つまり三枚におろして）、パン粉をつけずにムニエルのようにし、色どりのよい野菜のつけあわせをおいて、しゃれたソースをかける。堂々たる魚の主菜にしてしまうのだ。だから、付け合せも刻みキャベツにウースター・ソースなんてのはだめだ。

ひじきの煮物なら、ふつうではあまり入れないもの(しらたきとかゼンマイなど)を少し混ぜ、ぎんなんでも入れ、鷹のつめをピリリと効かせるとかして、少量(「らしく」するにはこれが大事)を小鉢に入れて、レモンの小片を添えて出すとか。ともかく非日常的にして、ちょっとしゃれなければいけないのだ。

食事会の演出

その日の**献立を印刷**するのも雰囲気作りには有効だね。今ならワープロで簡単に作れる。絵など入れてコテコテにしないで、レストランのようにすっきりと。料理の名づけ方も「ごっこ精神」とガストロノミーの腕の見せ所だ。

「イワシのマリネ、レモン風味、シチリア風」「鴨肉のオレンジ風味、じゃがいもピュレ添え、ブルターニュ風」なんていうと、本格的な気がしてくるけど、なに、いたって簡単なものだ。マリネには薄切りにしたタマネギやオリーブの実の他にちょっとしたハーブっぽい葉を添えるとか、鴨にはオレンジ一切れを添えるとか、少し飾る必要がある。

「どこどこ風」という言い方は気をつけないと危ないけど、そこでものを言うのが、ガストロノミーの知識ではないか。多少のハッタリは許してもらおう。結婚披露宴のメニューや料亭、旅館のお品書きはもらえることが多いから、そのまま参考にできる。

飲み物は雰囲気を高めるうえで料理に劣らず大切だ。洋風なら、**スパークリング・ワイン**なんて気分が盛り上がる。本場シャンパンでなければ、ヨーロッパのものでもちょっといい日本酒と同じくらいの値段で買えるよ。

ワインも、場合にもよるが、料理のスタイルに合わせて、イタリアなりスペインなりドイツなりのワインにすれば、一挙にその国の料理らしくなる。今ならそれはちっともむずかしいことではない。もしギリシャ、ブルガリア、ハンガリーなどのワインを用意できれば、それだけでも話題になる。料理までそれらしくしようとすると大変だけど。

和食なら日本酒、シナ料理なら紹興酒だが、場合によっては何にでも合う白ワインを出したり、西洋料理のときに日本酒(米の香りの強い正統的なものよりも、フルーティなタイプのほうが万能)を出すのもいいかもしれない。焼酎を何かで割るのも、選択肢としてはいいけど、料理次第だろう。

ノンアルコール飲料も市販の野暮なペットボトルそのままで出してはいけない。最低でもデカンタのようなものに入れ替える。緑茶やジャスミン茶やハーブティーを自分でいれて冷やして出すとか(やる人が意外に少ないから、皆がその味の新鮮さに驚く)、何か果物を絞って少し甘みをつけた薄味の飲み物(ジュースではなく、レモネードほど濃くもしない)なんかも、飲めない人には好評を博すだろう。
　こんな風に**演出**していくと、客のほうはなにかすごくしゃれた、本格的な料理をふるまわれたような気になってくるのだ。コスチューム・プレイみたいだなんていうと、肝心の料理が泣くけど、外側から形の上で雰囲気を作ると、人間というのはその気になってくるのだね。言動まで気取る必要はないけど、女性はちょっとおしゃれをしたほうがいい。せっかく料理構成を気取るのだから。

手抜きのすすめ

手抜きのコツ

さて、実際の料理はどうするか。調理の手間はかければかけるほどおいしくなる、というのは、ある意味で正しい。もっとも、よい食材があるなら、なるべく手間をかけないほうがおいしい、ともいえるし、和食は基本的にはその立場に立っている。

西洋風でも、たとえばいい牛肉があれば、ステーキ（またはローストビーフ）にして塩コショウをかけるだけにするのが一番おいしい、ともいえる。

しかし、本格的なコンソメスープの作り方や、ある野菜をミキサーにかけ、ブイヨンやクリームを加えたソースを作るシェフの技などを見ていると、なるほど、手間をかけなければこうはならないのだな、と思わされる。ま、場合によるわけで、どちらがいいということではないのだが、ちゃんと手間をかけた料理がおいしいのはおおむね事実だ。

ところが、家庭会食ではそんなに手間はかけられないのだね。そもそもフランス料理の正統派みたいなやり方を、急にまねしようとしても無理がある。ここで大事なのは、できる範囲で、なるべく

手間をかけないで、なんとか**格好をつける技**ではないか。

私たちがどうがんばっても、料理自体ではプロのようにはいかない。しかし食材の選択や組み合わせを考え、ちょっとしたくふうをこらすと、レストランのメニューとは少し違った、**独自性のある食卓**が作れるのだ。

それに、簡単に、苦労せずにできるようにしておかないと、おっくうになって「もてなし」そのものをやりたくなくなってしまう。張り切りたいのならば、どれか一品にしぼって手をかけることにしたらどうだろう。

手間をかけないのならなおさら、ちゃんとしたもてなし料理らしく、型を作らなければならない。自分が作れるお惣菜を並べるだけでは「**お客様ごっこ**」にならないのだ。

大衆食堂の昼の定食みたいに、一皿に全部盛るようなのもよくない。あれは大衆食堂の手抜きの知恵なのだ。似たようなものしか出せないにしても、ちゃんとした形式は守る。たとえば、生野菜は肉の横に添えないで、別にサラダとして出す。

メインの肉(魚)と、付け合せの温野菜を別々に、取り分け用の**大皿に盛り付ける**。一人ひとりの分を銘々皿につけて出すのは手間がかかるから(専従給仕係なんていないのだから)、会食のときはシナ料理のように、大皿で供して、客には自分で取ってもらうのだ。そうすると、盛り付けに神経を使わずにすむ。

プロのコックや板前が作る一皿は、一目でそれとわかるくらいきれいだけど、そこを逃げるわけだね。それに、肉の塊の切り身を大皿から取り分けるなんて、それだけでもしゃれていると思わないか。

スープは省略

スープ？　たしかにそんな店でさえ簡単なコンソメをカップで出す。ただ、もてなしの席で出す以上は、インスタントのようなものにはしたくない。かといって、ちゃんと作ると手間がかかるし、スープ皿（カップ）とスプーンが必要になる。テーブルにそれだけの余裕はあるのかい？

だから、**スープは原則出さない**ことにするほうが楽なのだ。突如畏《おそ》れ多い例になるが、フランス大統領の**エリゼ宮晩餐会**では原則としてスープを供さない。高級食材を使って凝った前菜二、三種類のあとはすぐ主菜だ。一見簡素化していながら、フランス料理の粋を選りすぐるあたり、さすがだ（これに関する本はフランス料理のところで紹介した）。

またわれらの水準に戻ると、丼物やカレーライスのようなものも原則として避ける。繰り返すけれども、こういうものが食べ物としていけないというのではない。ふだんの簡易一品の食事になってしまわないようにすればよいのだ。

カレーなら、何かちょっとした前菜にあたるもの（たとえばカナッペ二、三種類）をシェリー酒かなんかの食前酒と一緒に出したあと、自慢のカレーをセルフサービス方式で供し（できれば注ぎ口のついた鉢「ソースポート」のようなものを使う）、色鮮やかなフレッシュサラダを添えればよい。あ、そうだ、シナモンを入れたミルクティーも忘れずに。

丼なら、それこそ前に書いたひじきだの、野菜の煮物だの、なんならもっとしゃれた前菜を日本酒と一緒に出したあと、麗々しく「三色丼」（炒り卵と肉または魚のそぼろとグリーンピースなどの青い野菜を彩りよくのせたもの）を出す。ご飯（と具）の表面積を大きくするため、スープ皿か盃状の大椀に盛るとよい。駅弁のあれはうまくないけど、自分で作ると意外においしいものができるよ。

ここでも大皿から取り分ける方式にすると（丼なのに！）意外性が出るかもしれない。味噌汁（この際は「スープ」も欠かせない）と香の物をつけたら、しゃれたコースみたいに仕立てることができるではないか。手間をかけなくても、「らしいもの」ならできるのだ。

ここまでで気分は整っただろうから、次の章では我が家の手抜きの、ちょっとしゃれた「もてなし宴」の実例を並べてみよう。ただし、レシピではなく、料理の組み合わせ、**食卓のプロデュース**または**コーディネート方法**だ。個々の料理の作り方は、本やネット情報などを見てちょうだい。

Chapter

6

コース料理の組み立て

背中を押す実例

本やテレビでは、それぞれの料理の作り方は出てくるが、それをどう組み合わせて一回の会食としたらよいのかは、ふつう教えてくれないから、ここではその例を出そう。これを参考にして、自分の流儀をどんどん作り出せばいいのだ。

世界にはたくさんのおいしい料理があり、それへの挑戦方法もいくらでもある。そのどれをとってもいいのだ。身近なものから始めて、コースになるような食べ物をいく皿か作り、バランスとハーモニーを考えてみる。やったことがない？　背中を押してあげるから、始めちゃいなさい。

一回目をやってしまえば、二回目は間違えなくもっとうまくいく。そのあとでなら、さらによく作る自信が出て、どんどんできるようになっていく。それとともに新しい、楽しい世界がおのずと開けてくるよ。

西洋料理の場合

家でコースを作る場合、西洋料理は比較的簡単だ。いやいや、フランス料理がやさしい、などと言っているのではないよ。本格的なフランス料理（に限らず、イタリア、スペイン料理も）をきちんと作るにはやはりそれなりの修行が必要だ。

しかし、それらしく見えてそこそこにおいしいコースを作るのならなんとかなる、という意味だ。正統的な料理に真正面から挑戦しようというのではなく、何がポイントであるかを見抜くのだ。そう構えると、西洋風はサマになりやすい。

ヨーロッパでは、多少きちんとした食事は、簡単でもコースとして出される。組み立て方こそ違うが、会席料理もシナ料理もコースになっている。だから、それをまねる場合も**コースを考える**とメニューに格好がつく。そんな風に何皿か作ろうというのだから、ひとつにかける手間は最低限にしたいわけだ。

フランス、イタリア、スペイン料理はそれぞれれっきとした料理体系だが、そもそも食習慣が似通っているから類似点も多いし、相互乗り入れも多い。パスタとかパエーリャとか、お国風がはっ

きりしているものもある。

その日の食事を何料理と名乗るかは、学んだガストロノミーを参考に考えることにして、以下共通する例をいくつか並べてみよう。実際にやるときには、この中からどれかを選んで組み合わせ、ひとつのコースに仕立てるのだ。

①前菜

前菜は原則として冷たいものなので、あらかじめ作っておいて直前に盛り付けるだけにすれば、土壇場の手間を省ける。原則は前菜も主菜も大皿から取り分ける方式。だから、画像重視の本やテレビ番組が大事にする、できあがりの一皿の美しさはあきらめることになるが、大皿の盛り付けはそれなりに魅力的にできる。

前菜の種類はたくさんあるので、先にその日のメインを何にするか決め、それと材料や味が重ならないものを選ぶのがよいのではないか。

肉製品取り合わせ

ヨーロッパ製のおいしい生ハム、サラミソーセージなどが二、三種入手できたら、切って並べるだけでいいのだから簡単。ただ、これは食材そのものがおいしくなければ話にならないので、手に入らなかったら、安物による代用は避けた方がいい。

マリネ類、カルパッチョ類(イタリア風)

主に加熱しない魚介類で作るので、日本風に考えると、刺身か酢の物に近い。ただ、刺身と違っていろいろな味付けをするし、一切れも薄くするほうがいいみたいだ(特に身のしまった白身魚の場合)。

マリネ液につけたり、ドレッシングをかけたり、薄切り(細切り)にしたたまねぎなどの野菜を加え、好みによってハーブ類も加える。ドイツ・北欧風のニシンの酢漬けもよい。

野菜? 野菜のマリネはサラダかピクルスというのだろ。

ピクルス類

フランスやイタリアでもこれで前菜を作るが、ドイツ、北欧、東欧、ロシアには特に漬物が多い。キウリばかりでなく、いろいろな野菜から作る。トマトは、皮が破れないように漬けることができたら絶品となる(コツが要るし、数日はかかる)。

にんじんは硬いので細切りにしたほうがよい。漬け汁の味の調整などは、参考書を見ること。場合に応じて甘・塩・酢・辛味をうまく按配する。

アンティパスト

イタリア料理の冷たい前菜の総称。サラダや煮た野菜、各種ピクルス、小魚のフライを液につけたようなもの（日本のワカサギ南蛮漬けのようなもの）などがあるが、最後のものなんて手間がかかる。手間を省くのなら缶詰にしてしまえ。ただ、「味付け」や「味噌煮」の缶では洋風にならないよ。サバやイワシの**水煮**をきれいに縦割りにし、サラダ菜にでものせて、好みのドレッシングをかければ、驚くほどステキな一品に化ける。水にさらしたたまねぎ、オリーブの実、ケッパー、きゅうりのピクルス、レモン一切れなどちょっとした**小物を添えると、雰囲気が向上する**。これはメインをふくめ、どの場合も同じこと。

カナッペ類、ブルスケッタ（イタリア風）

要するにオープンサンドだ。北欧料理だとそれがメインになるのだが（スモガースボード）、前菜にするのだからもっと小さくて、簡単なもの。何をのせたっていいのだから、少し頭を使おう。たいした手間をかけなくとも、色とりどりになって食卓が映えるのだが、パンの一切れを小さくしないと、これだけで腹が張ってしまう。

また、時間がたつと、ガーリック・トーストはもちろん、ふつうのフランスパンでも土台のパンの部分にトッピングの水分がしみて、食べにくく、またおいしくなくなるので、見栄えより味本位に考えるなら、土台になるパンと、のせる(塗る)ものを別に配って、各自が自分でのっける方がいいようだ。

パテ、ディップ、スプレッド類

肉、魚、野菜などの材料をすりつぶすわけだから、ものによっては手間がかかる。フランス料理ではパテはかなり重要なもので、生地で包むものもあるが、ここではパンかクラッカーにのせる(塗る)、簡単なペースト状のものを考える。

料理の本では、格好をつけたいからか、やたらと複雑なやり方が書いてあるが、材料と、塩味と、だしにあたるものを入れればちゃんとできるよ。鶏のレバー・パテなんて、すりつぶして、塩こしょう味と、ちょっとミルクを足すだけ。

大豆(一晩水につけてゆでたあと、薄皮を取り去る)やソラマメ、にんじんなどからも意外なほどおいしいものができる。

ただ塗ってもいいが、にんじん、ソラマメ(またはブロッコリー)、白いんげん(または大豆)から作ったものをそれぞれ寒天で固め、切って三つ並べるとイタリア国旗になるぞ(ブルーの食材がないから、フランス国旗はむずかしい)。ただこうするのはけっこうな手間だから、前日に作るしかないだろう。

テリーヌ

手間を惜しまないのならば、これはしゃれている。作り方は料理本やネットを調べればいくらでも出てくるが、手抜きを主張しているのだから、ここでは扱う気にならない(今の「三色旗」はテリーヌの一種だけど)。やりたければ手間を覚悟すること。ただ、いちいち書かれてあるとおりにしなくても、似たものならできるよ。

フランス料理の本は一流シェフが書くことが多いので、どうしてもこうした手間のかかる本格的な、見栄えのするものが主になって、家庭的な、簡単なものはあまり出ていないが、さがせばある。

タパス(スペイン風)

スペインのバルで出すタパスは、ワインやビールに添えられたちょっぴりの「お通し」だ。ただ、タパスをちゃんと食わせる店になると、しっかりと小皿料理になって、うまそうなものがならぶ。店にもよるが、三~四皿でランチに十分なくらいの量と質を出すところもある。そうなると、前菜と呼ぶのは不適当だが。

たくさんの種類があるが、たとえば、大きなりっぱな茸を蒸し焼きにして、笠の裏側ににんにく味の利いた詰めものをしたものや、ムール貝や、アサリの酒蒸しや、タラのフライみたいなもの、イカのリング揚げ、焼いたトマトとナスなんてのがある。

このやり方もかなりの部分いただけそうだ。スペイン（にかぎらず外国）に行ったことがない人は、一度スペイン（各国）料理専門店をのぞいてみるのがいいかもしれない。ただし、日本の外国料理店はどこもチョコマカしすぎて、量が少ないし（日本人は本当に食が細いから）、ニセモノもある。

ロシア風ザクースカ

ヨーロッパの前菜はもちろんまだまだあるが、きりがないので、本家ロシア風を少々紹介して終えよう。ザクースカという豪華な冷菜をたくさん出すのは、そもそもロシアで育った形式なので、メインはともかく、ここだけロシア風にする手もある。それに、フランス料理そっくりなものもある。

ロシア風カナッペでおすすめはホイップした生クリームをぬった上に**イクラ**をのせるものだ。紅白の色が冴えるし、豪華になる（「雪中南天」と名づけたりしちゃって）。他の魚卵（たとえばたらこ）を使ってもよい。

本当はキャビアでそうしたいのだが、今やそれは不可能だ。ロシアのチョウザメは、危惧されたとおり、絶滅寸前になってしまったから、値段がベラボーだ。

ザリブナヤ（ストゥージェニ）というのは、タンやモツを煮て細かく切ったものを**ゼリー（煮こごり）**の中に閉じ込めたもの（小さな型に入れて作る）。ハムの細切りや小エビにしてもよい。色どりに薄切りにんじんやディルかコリアンダーかパセリのような緑色の葉を入れると映える。作るのなら、これも前日だな。

ロシア風茸の酢漬けも、日本で買える茸で作れる。椎茸、エリンギ、シメジなど何種類かの茸を塩、酢、胡椒、にんにく、ローリエなどを入れた漬け汁で煮て、さましたもの。あまり味を濃くしないほうがよい。長時間漬ける必要はない。

ところで、近所でおいしい**フランスパン**を売っている店を見つけておくこと。日本食のごはんほどではないが、おいしいパンはやはり欠かせない。私たちしろうとの料理は、どんな食材を買えるかに左右されるから、パン屋に限らず、近所の食料品店を**日ごろから探検**しておく必要がある。

②もうひと皿（プラス・アルファ）

量にもよるが、前菜が二、三種類あって、肉（魚）の主菜に添えるサラダと温野菜の付けあわせがあるなら、それ以上はなくてもいいのだが、そのへんがさびしいときや、全体をもう少しにぎやかにしたいときに軽料理を加えるのもよい。もちろん少ない手間で一品になるようなもの。

パスタ

イタリア料理ではふつう、パスタはスープとの選択肢として、前菜と主菜の間に出されるから、典型的なプラス・アルファだ。スパゲッティやマカロニばかりでなく、いろいろな形のショートパスタを試すのも楽しい。

パスタの出し方は変化に富んでいるが、あまり具をごたごた入れないほうがいいように思う。その「ごたごた」は別個の一皿にしてしまえばいいのだ。なにもパスタとからめる必要はないし、パスタ一皿は全体のほんの一部分なのだから。

ひとつだけヒット間違いなしのやつを紹介しておくなら、茸入りのホワイトソースだね。椎茸とたまねぎを炒めればいいのだが、香りが物足りないから、乾燥ポルチーニを水につけたものを刻んで少し入れることで、がぜんそれらしくなる（戻した水も、ソースをゆるめるときに使う）。チーズは混ぜ込んでもいいし、細かく削ってかけてもいい。

ラタトゥイユ

色々な作り方があるようだが、野菜を油で炒めたあと煮込み、冷たい状態で出す前菜。イタリア

(シチリア)風のカポナータも似たようなもの。簡単に大量に、そして事前に作っておけるので、一品ふやしたい時に便利。

簡単な作り方としては、トマト、なす、ズッキーニ、ピーマン(パプリカ)、椎茸などを、炒めたたまねぎとセロリの中に入れてさらに炒め、にんにく、トマト缶、ブイヨン(スープのもと)、鷹の爪、白ワイン、酢などを加えて煮る。

ポテト

じゃがいもとたまねぎは基本的食材なので、使い方を心得ておくとすごく便利だ。好みのハーブ類を油で炒めておいた中へゆでたじゃがいもを入れてちょっと焦がすだけで、あっという間にしゃれた一皿になる。

日本では**ジャーマンポテト**と一括されるようだが、簡単だからすすめたいのは、スライサー(皮むきではない)で薄切りにしてフライパンで蒸し焼きにするもの。蒸す前に一度水に通したほうがあとでべたつかない。それだけでも十分においしいし、べつに炒めておいたたまねぎやベーコンとからめてもいい。

ポテトサラダはロシアンサラダとも言われるロシア起源のサラダだ。ロシアではじゃがいもとたまねぎの他に鶏肉の細切れや酢漬けニシン(または魚の缶詰など)、豪華なものならカニをまぜ、にんじんときゅうりのピクルスを必ず入れる。またゆで卵を刻み込むと味が豊かになる。

ゆでたビートを刻み込んで、全体を赤くしてしまうのもしゃれている。塩、砂糖、酢の割合を考えて味を好みで変える。マヨネーズをへらして、ヨーグルトやサワークリームにしたっていいんだぜ（ただし途中で味見が必要）。

もうひとつ。**ニシンの酢漬け**（といっても塩とレモンだけで作り、北欧風ほどすっぱくしない）。バターをのせた熱いゆでじゃがいもを、一緒に漬けたたまねぎとニシンと全部まとめて口に入れるのがロシア式。誰でもその味の取り合わせの妙に驚く。簡単なものだが、ちゃんとした一皿だ。

ここでロシア人のように、冷凍庫でギンギンに冷やしたウォトカをきゅっとやると最高だが、その勇気がない人は冷やした辛口の白ワイン。

最初に言ったとおり、これらはプラス・アルファなので、いろいろなものを当てはめたらいい。ちょっとしゃれた野菜料理なんか、主菜にするほどのものでないのなら、このカテゴリーに入る。

③主菜（メイン・ディッシュ）

食卓の主役なのだから、例をあげたらきりがないが、「手抜きのすすめ」なのだから、ここでは

ちょっと焼く程度で、しゃれて見える簡単な肉と魚の例を出す。

欧米と日本で肉料理がかなり違ってくる理由のひとつは、売られる肉の切り方だ。欧米では初めから薄く切った肉や細切れなどはあまり売っておらず、肉は塊で加熱するのが原則だから、薄切り肉を調理する方法なんてあまり見かけない。

一方日本ではほとんどは薄切り肉から作るので、塊から調理すると、簡単でも非日常的な、「本場もの」的な感じになる。

調理は軽く焼くだけでも、基本的な**ソースの作り方**を何種類か覚えておこう。必ずしも教科書とおりにしなくてもだいじょうぶだ。食材と調理法に合わせて出せるようにして効果的にキメる。

鴨

ロースといって売られている二〇〇～三〇〇グラムの肉をフライパンで蒸し焼きにし、薄切りにして出す。ソースはどれでも合う。これは簡単な中でも**最も簡単な主菜**ではないか。塊の肉と事前に薄切りにした肉は、加熱するとまるで味が違う。

鶏

ただのローストチキンではつまらない。丸焼きもいいが、イタリア料理で「**悪魔焼き**」と呼ばれるのは、鶏半身か骨付きの脚をフライパンに押し付けて焦げ目がつくように焼く。途中でちょっと重しをして、出てくる汁はできるだけ除き、なるべくパリパリにしたもの。オリーブオイル、酢（またはレモン汁）、すったにんにく、塩、胡椒をよく混ぜたソースをかけると、めずらしい感じとなる。

ラム（子羊）

チョップと呼ばれて売られている骨付きのあばら肉は、手を使わないと食べにくいが、しゃれてはいる。柔らかいロース肉の塊（ジンギスカン用と称するコマギレはだめ）が買えたら、フライパンで蒸し焼きにするだけで十分においしい。

ここでも**ソース**が重要で、「悪魔焼き」と同じものにするか、辛味の効いたトマトソース（チリソース）もいい。三〜四センチ角にして串に刺して直火（天火でもできる）で焼くのがロシア風（シャシリク）。

牛

鴨やラムは素材自体がめずらしいからそれですむのだが、牛はありふれている分、しゃれた感じにするのがむずかしい。いい肉なら**ステーキ**または**ロースト**にし、そうでない場合は野菜と煮込むのがいいだろう。レストランで出されるような大きなローストビーフを焼くのは決してやさしくないが、あまり厚くなければフライパンでもふたをすれば何とかなる。

煮込むのならワインやビールを使うとしゃれた味と香りになる。ただし煮込みは汁を伴うことになるので、煮詰めてそれを少なくしないと、各自にスープ皿を出さなければならなくなる。

豚

豚肉は日本でも塊で売られることが多いので、ローストポークやゆで豚は簡単に作れる。塊のばあい、加熱前に糸で縛ったほうが形が整う。ゆでる場合は粒胡椒やローリエなどを入れること。ゆですぎないこと。

トンカツくらいの大きさに切った肩ロースの肉を包丁の背でよくたたいて、粉を振ってムニエルにし、適当なソースをかけると、ふだんのポークソテーとは驚くほど変わった感じになる。牛肉でも、こうするとよく味が出るし、少し硬い肉でもだいじょうぶ。

魚介類

手間を避けるにはタイやサケのように大きな魚の切り身がよい。加熱の際に皮にオイルかバターを塗っておくと、高熱で皮がパリッとなる。少量の油（バター）でただ焼くのもいいが、粉を振ると少し違った感じになる。

サケはヨーロッパでは高級魚料理の代表だが、日本では昔からあまりにもふつうに普及しているので、ありふれた感じになるおそれがある。また、「うす塩」として売られていても、洋風にするには塩辛すぎるものが多いので注意。

タラの切り身のムニエルは非常によろしい。鴨と並んで、最も簡単でしゃれた感じになるすぐれものだ。ただのバター焼きでもいいが、チーズを刻み込んだ細かいパン粉の衣を使い、少量の油で両面を焼くのもいい（多量の油に入れて揚げるとトンカツのようなフライになってしまうから）。

ちなみに、ヨーロッパでは日本のように多量の油で揚げるディープフライはあまり多くなく、少量の油で**炒めるように焼く**方が多い。

ホタテのバター焼きも手間がかからない代表選手だ。使うのは真ん中の貝柱のところだけで、ヒモや卵は佃煮風に煮たりして、別のときに食べればよい。ヨーロッパではステキなソースが添えられることが多いが、塩とバターだけでも十分にうまい。

イカやエビのフリット（揚げ物）は、粉を振って多めの油で揚げるように焼くのだからやさしいが、メインとしては物足りないので、「もうひと皿」向きだ。

最後にひとつ付け加えると、**天火（オーヴン）の使い方**に慣れておくと、料理がそれだけでヨーロッパ風のしゃれたものになる。西洋料理では本当によく天火を使うのだ。時間をセットしておけば、放っておいてもいいので、食卓にできたて熱々のものを出せる。演出効果も満点で、食卓の気分が一挙に盛り上がるから、これはおすすめだ。

サラダとつけあわせ

日本でふつうに出される、トマト、レタス、きゅうりなどをまぜた生野菜サラダにこだわることはない。いろいろな野菜を分けて出してもいいのだ(たとえば細切りにんじんの塩もみ、キャベツの浅漬け、パプリカを別個に盛る、とか)。じょうずに作れば、食卓をきれいに色どるよ。

肉、魚の付け合せはにんじん、じゃがいも、ブロッコリー、ほうれん草、トマト、ピーマン、いんげん、ズッキーニなどから色どりを考えて二、三種類をゆでるか、炒める**温野菜**が簡単。米を使った付け合せなんかに手間をかける余裕はない。ところで、にんじんをスライサーで薄く、細長く切ってゆでると、赤いパスタのようになって楽しめる。

マッシュポテトはひと手間かかるが、肉の味が引き立つね。これにザワークラウト(ドイツ流のすっぱいキャベツの漬物。できあいの瓶詰めが無難)を添えるとドイツ風になる。

いわゆるフレンチフライ・ポテトもけっして悪くないのだが、揚げ物だから手間がかかるわりには、ありふれているのでつまらない。

日本料理の場合

発想の転換

和食はなかなか大変だ。広い意味の日本の味なら、西洋料理よりも作り慣れているはずなのだが、あれをサマになるような形で出そうと思ったら、つまり会席料理の宴を張ろうとするのなら、くふうが必要となる。

西洋料理以上にふだんのままではだめだから、**発想を転換**しなければならないのだ。客の方も味ばかりでなく、きれいな盛り付けや配膳を見慣れているからね。食材の質と新鮮さも、西洋料理以上に表に出てしまう。それに器のこともある。

和食はへたをするとすぐに材料の質が表れてしまったり、ふだんのおかずを並べただけみたいになってしまう危険があるのだ。それに味が微妙なので、なかなか「あらー、おいしい！」というほめことばはもらえない。

また、西洋風のときのように、少々変わった見栄えのするものをどーんと出すことはしにくい。タイやサケを丸焼きにして和風のとろりをかける手なんてのもあるけど。

和食の魅力の相当部分は**包丁さばきと盛り付け**にある。料亭などでは、板前があざやかな切り口を示し、舟型の容器や竹や貝殻まで動員した多様な皿に少量ずつきれいに盛って目を奪うのだが、発想の転換というのは、そういうことに時間と手間をかけない、ということ。大皿取り分け方式だけれども、料理の味はちゃんとできている、という方向を目指そう。

やりにくいとはいっても、どうしてもときに日本酒を酌み交わす宴をやりたくなるから、和食コースもそこそこにできないと困る。いつもいつもワインと西洋料理というわけにはいかない。会席料理の分類を思い出して、自分なりのパターンを作ってみよう。

いろいろな名前がつけられているが、単純化すると、「先付け」と「前菜」、そして「酢の物」と「おつくり」(刺身)はすべて冷菜だから、合わせて冷たい前菜と考えればよい。この中から二、三種類くらい用意する。ふつう「先付け」といって出されるミニアチュアみたいなものは、出さなくてもいいいんじゃないの。あれこそ形式主義だ。うまいものはめったに出てこない。

次に「焼物」「煮物」「揚物」が来るのだが、会席料理には**主菜**と呼ぶにふさわしい目玉がなく、ひとつずつは少量だから、これらの温かい料理も三種類くらい準備しなければならないことになるが、それよりも、何かを際立たせて、最後に「主菜待遇」として出すと形をキメやすい。

酒が出るふつうの会席料理だと、ここまでが「料理」とされて、このあとはなぜか「お食事」と称するご飯、香の物、味噌汁となる。これが「お食事」なら、これまで食べたものは何だったのだ。それに「お食事」にしては何もないね。これは昔ながらの独善的な酒飲み男に媚びた言い方じゃないのか。

ここで炊き込みご飯のようなものを出すなら（料亭だって、そうすることはある）、「料理」と「お食事」の境目もよくわからなくなる。でもいいんじゃないの、本当は初めから一続きの「お食事」なのだから。

和食では「前菜」向き、「主菜」向き料理の区別が必ずしも定かでなく、出し方次第（少量出すか、多めに出すか、付け合せをつけるかなど）のようなところがあるので、煮物、焼物、揚物をどうするのか、何かをメインに仕立てるのか、などを決めてから、それを補完するような前菜グループを用意するのがいいだろう。

和食では季節感がとても大事で、食材も当然季節に大いに左右されるのだが、ここではいちいちふれない。

①前菜にあたるもの

日本料理にはフランス料理のようなソースはない。しかし、食材の味付けとは別に、一味加えるための**ソース「みたいなもの」**はあるのだな。

各種味噌はそれ自体がそうだし、梅肉（梅干をくずしたもの。カツオ節を加えてもよい）、ごまだれ、しろあえ(山椒の葉をすって豆腐と混ぜたもの)、瓶詰めのウニを酒で溶いたもの、ほぐしたたらこなど。使い方も、食材にちょっとのせるか添える感じでいい。前菜ではふつう素材にあまり手を加えないから、薬味類とならんでとても有効だ。

野菜

大根とにんじんのなますは、正月以外に作ってはいけないわけではない。くるみかピーナツを少し入れ、ごま油をちょっと加え、さらにサケやみかんの皮もちょっと入れると濃い味になる。細切り大根をホタテかたらこマヨネーズ和えにしてもよい。かぶでくふうしてみるのもよい。大根おろしにイクラをのせるのも華やか。枝豆はあまりにもありふれているが、そら豆ならゆでるだけでもいけるのではないか。

西洋風サラダと違い、「香の物」というと、ふつう濃い味のもの(奈良漬け、味噌漬け、柴漬け、たくあんなど)を少量しか出さないが、おしんこをサラダみたいに**大量に出す**手がある。白菜漬が一般的だろう。

浅漬けの一種で、なす、きゅうり、キャベツ、かぶまたは大根、パプリカに、しその穂の塩漬を入れて、塩(他に砂糖と酢も少々)と昆布だしで押し漬けにするもの。一日以上おくと味がなじむ。ある程度手間はかかるが、前々日に仕込んでしまえばいい。これをサラダみたいにばさばさ食べてもらうのだ。

また、大根をクラッカー程度の形、大きさに切って、ちょっと塩を振ってしばらくおくと、とてもおいしくなり、おどろくほど他のいろいろな食材と合う。ちょうどカナッペのパンのように台として使える。これだけで出すなら、細切りにして、ゆず風味などをつける。

各種青菜の**おひたし**(春なら菜の花や山菜も)、ふきの煮含めなど。キャベツか白菜を加熱して、芥子醤油か甘辛のとろりをかけたもの。いずれも山椒やしょうがなどでちょっと化粧するとよい。

ぎんなんは買ったときに加熱して殻をむき、薄皮も取って冷凍にしておけば、出す直前に炒るだけですむ。二、三個楊枝に刺しておかないと食べにくい。季節は限定されるけど、たけのこの煮物もいいね。

わかめを他の食材(アオヤギ、トリ貝、タコ、うど、きゅうり、みょうがなど)とあわせた**酢の物**はかなりいける。三杯酢だけでなく、酢醤油にしても、酢味噌にしても、ちょっとマヨネーズを加えてもいい。

魚介類

刺身を出すのなら、どうせプロと張り合うのは無理だから、むしろ定型から外れたものにしたらどうだろう。客は会席コースや立食パーティーできれいに盛られた刺身には慣れていて、少しくらいではありがたがらないから、むしろスタンダードにしないほうが「わが家らしさ」が出せるかもしれない。

今書いた塩振り大根にのせてしまうとか、「たたき」や「湯引き」にするとか、昆布（タイやヒラメ）や酢（サバやコハダ）でしめるとか。イカをウニやタラコと和えるのもよし、ホタテ、アマエビ、イクラ、ホヤなどの、包丁捌きを問われないものにするのも手だ。なにも我が家でまでマグロと白身魚の定番を並べなくてもよかろう。

その他

西洋風のハム類盛り合わせに倣うのなら、「板わさ」（かまぼこ）になるか。笹かまぼこにしたり、別の練り物にしたりして、めんたいこやきゅうりを添えたり、今言った和風「ソース」を加えるのもいい。鶏のささ身を熱湯にくぐらせた「とりわさ」というのもある。

加熱するものも多数あるが、いちいち書いていられない。また、前にも言ったとおり、和食では主菜になるようなものでも少量前菜として出すことがいくらもあり、その逆もある。

②主菜にあたるもの（煮物、焼物）

煮物

にんじん、ごぼう、蓮根、たけのこ、里芋などの**根菜**の煮物は、鶏肉を入れてだし味を濃くするとなんとかなるのだが（いわゆる筑前煮）、和風のさっぱりしただしで料亭のようにおいしくするのはむずかしい。プロがすまし汁の次に凝るというのだから当然だろうが、何とかしたい気はする。この際、料理の本に忠実にやってみるか。

大根は、他の野菜と一緒には煮ないようだ。これまた腕が問われてしまいそうな一品だが、ブリ大根にしたり（ちょっと惣菜くさいけど）、ひき肉か干しエビの入ったとろりをかけたりして、ストレート勝負を避ける方法もある。

魚（介類）の煮物は、焼き魚よりずっと楽にできるが、お惣菜風にならないように注意。それと大皿取り分け方式だと物によっては崩れやすい。

貝の酒蒸しは、作るのは簡単だが、食べにくい。ゆでたエビやイカも使い方次第。たとえば、大根おろしとだし汁で軽く煮て、からめたりするとよい。

日本食には煮物向きの食材が多い。**豆腐**はくふうのし甲斐のある食材だが、崩したくなければ少し水抜きをしたうえで、慎重に扱う。豆腐製品（厚揚げやがんもどき）もいい。オクラをお供につけるとか、ぎんなんを添えるとか、ひとくふうすると冴える。

だし巻きたまごも、さっきの「和風ソース」で見違えるほど生きる。もちろんこれは焼くのだが、焼物という感じがしないので、つい煮物扱いにしてしまった。蓮根をきんぴらのように処理するのも意外にしゃれていてうまい。これも煮るというより、炒るようにする。

牛肉のしぐれ煮というと、料理本ではなぜあんなに凝った作り方を紹介するのだろう。ちょっといい肉を醤油と砂糖で軽く煮ればいいのではないか。豚のばら肉の角煮を和風に作るのもいい。どちらもつけあわせを考えて、一皿の料理らしくととのえる。

ひき肉は肉団子などにもなるが、手間がかかるから、なすと一緒に煮たり、とろりの中に散らしたりするなど、助っ人風に使うのもいい。

鶏モツを佃煮風に煮るのも簡単。よく紹介されるのはレバーと砂肝だが、なんといってもうまいのは心臓だ。レバーを少量細かく切って、味付けとしてまぜるといい味になる。これらのもつを全部入れて、にんじんやこんにゃくなども加えて、焼き鳥屋の「モツ煮込み」を作ってもいいが、あまりたくさん出すとまさにヤキトリ屋風になってしまう。

焼物

主に魚介類ということになるのだろうが、火加減が大変だし、直火焼きだと煙が出るし、なにしろ付きっ切りでいなければならないので、ここでやろうとしている手抜き会食向きではない。味噌漬けや西京漬けならなんとかなるが。

それでもやりたい場合、冴えるのは、鮎(手に入ればの話だが)、マス、それからハマグリやホタテなどの貝。ホタテは本来生きているやつを貝殻ごと焼くのだけど、簡易版としてボイルされたやつをフライパン(網の方がいいけど)で焼いてもけっこういけるよ。ただし、バター焼きにはせず(西洋料理になってしまうから)、終わり際に醤油をたらす。

イワシやサンマやアジもおいしいのだけど、「生活の匂い」がしてしまうから、避けたほうがいいですね。タイの切り身の塩焼きには意外性がある。タイは焼くのなら丸ごと浜焼きにするものだからだろうか。レモンかゆずをきかせる。

イカを姿焼きにすると居酒屋みたいになってしまうから、皮をむき、四角に切って、そらないように刻み目を入れ、たれを塗って、山椒の葉でも添える。スルメイカでなく、コウイカのほうがやり易い。ウナギは高いけど、何かとあわせて少量なら出せるだろう。

揚げだし豆腐にとろりをかけたり、おろしを添えたりするとかなり見栄えがする。こんにゃくに刻み目をつけて、鷹の爪と一緒に炒っても一品になる。かなり手抜きがミエミエだが、厚揚げや揚げを焼くのもいい。

京都風の大きな揚げが買えたら、焼いてねぎの細切りと白味噌を添えるのだね。ある京都の割烹では、揚げの中にチーズを入れて焼いたのを出した。

③「主菜」らしくできるもの

揚物

会席料理では、揚物は煮物、焼物と同格で、少量出る程度だが、自宅のコース和食として何かをメインとしたいのなら、てんぷらはうってつけだ。そうでなければ手間がかかりすぎるので、省略したい。

てんぷらは、目の前で揚げてすぐ食べるようにすると、専門的な腕がなくても、とてもおいしくできる。食卓の上で揚げるのは危険だからやめた方がいいが、揚げたらすぐ食べないとてんぷらの魅力は半減する。

バーベキューでは男が肉を焼くのだから、揚げる係は男が引き受けるべきだろうね。食事と同時進行なのだから、あまり種類をふやさず、せいぜい魚介類、野菜各二種にとどめる。他の皿もあるのだから、量も少なめでよい。

鍋

ふつうなら鍋を囲むことはそれだけで独立の宴なのだが、ここでは目玉の少ない和食宴のメインと位置づける。コースの最後に台所で準備し、完成間際でクックツいっている土鍋を食卓の中央に据えて主人側が手早く取り分けるのだ。器がひとつふえるのだから手間がかかるわけだが、てんぷらよりはずっと楽だ。

何でもいいが、寄せ鍋のようなものより、比較的単純な方がいいのではないか。鶏の水炊きや、それをきりたんぽ鍋にしたり、鴨を入れて治部煮風にしたり、くふうの余地は大きい。独立の鍋宴会ではなく、コースの一部としての鍋だということを忘れず、控えめに。

肉類、ご飯

これというものがなければ、やはり肉類でしめるのが妥当だろうね。よく使われるのは牛肉だ。和食としては多めといえる量を出せば、ちゃんと閉会の辞をやってくれる。ただし、冷たい「たたき」

は最終ランナー向きではない。和風豚バラ肉角煮も、しかるべきお供をつければ何とか役を果たす。他の料理が何になるかによるのだが、炊き込みご飯や混ぜご飯もトリの役を果たすだろう。他にも、前にあげた「三色丼」なんかはこれにあたる。西洋風ではスープを避けたが、会席風ではやはり最後に味噌汁がほしいね。別に赤だしにしなくてもいいけど。

その他言い忘れたこと

デザート

設宴の話をするのなら当然出るはずなのに、今までにふれなかったことのひとつはデザート、食後の甘味だ。近頃の会席料理の席では果物が出てくることが多いようだし、茶懐石でもあまりおおげさな菓子は出されない。しかしヨーロッパ料理では、料理と張り合うくらいの重みをもっているので、省略するのでは片手落ちだ。

それなのに外してしまったのは、美沙ちゃんの方がおじさんよりくわしいのではないか、と思ったのと、ふれるとなったら、料理と同じくらいの扱いにしなければならないのに(特に西洋風なら)、それほどの自信もないからだ。

白状するとヨーロッパのレストランでコースを食べると、デザートが出る頃には満腹以上の青息吐息となっていて、ゆっくりと味わう余裕がないことが多い。しかもすごい量が出てくるからね。

街歩きのときも、あまりカフェには入らない。ケーキなんか食ってしまったら、その後の食事が入らなくなってしまうのだ。情けないけど、歳だね。歳をとる前は、カロリー過剰になるのがこわくて、おいしいのだけど逃げていた。

そんな風にだらしがないくせに、コースの形式をとる以上、やはり最後の甘味は欠かしてはならないと思う。本場でそうなっているから、というだけではなく、ごちそうのあとの甘味はとてもおいしく感じられ、まさに最後のファンファーレだからだ。ケーキ作りの得意な人は、ここで腕前を見せるといい。

無責任な助言者としては、少量でいいし、凝らなくてもいいから、デザートも欠かさずに出そう、と言いたい。市販のアイスクリームでもいいのではないか。ただ、皿に出して、ちょっとジャムかミントの葉を添えるくらいのことはしよう。

このことは和食の場合でも変わらない。だから会食料理屋さんも、ちゃちなメロンの薄切りなんぞでなく、厚切りのようかんでも出さんかい。

フランスのレストランでは、ここで**チーズ**も出すのだが、よいチーズを見つけるのがむずかしく、しかもやたらと高い日本でまねすることもないだろうと思われる。おいしいチーズは、ヨーロッパ旅行の際の楽しみにしよう。

シナ料理

もうひとつ、扱わなかったのはシナ料理だ。フランスで発達したガストロノミーの意味と和食の特徴を全体の主な話題にしたので、もうひとつの巨大な世界にはふれる余裕がなかった。だから具体例をならべたこの章でも扱わなかったが、パーティーのやり方としては大差ない、といえる。

ただ、シナ料理というのは、意外に手間がかかるのは承知しておくこと。最初の一皿は冷菜付け合せにするにしても、主な料理として熱々のものを最低三、四種類は出さないと形にならないからだ。

調理自体はそう凝らなくてもサマになるが、できたての熱いうちに次々に出そうとすると、ホスト・ホステスとしては席についていられなくなる。それでもやるのなら、下ごしらえを完全にして、最後の加熱だけをすばやくやって、三皿くらいは一気に出してしまうのがいいだろう。

シナ料理に関して勘違いしてはいけないことは、スナックまたは**簡易料理**とされるシューマイ、ギョーザ、小ロンポウ、春巻きなどの点心は、しろうと料理人、パーティー主催者にとってはけっして簡易料理ではない、ということだ。

レストランでは熟練の調理人が、あざやかな技で事前に大量に作っておいたものを、加熱した直後に出すから、簡単なように見えるが、あれを何種類かその日に初めから自分で作って、熱々のものを出すことを考えてごらん。だからといって市販のものを暖めるだけでは、我が家の「よそ行き」会食にならないではないか。

ついでに言うなら、西洋風のパイ、キッシュ、ピッツァ、ピロシキなどのパン、焼き物の類もけっこう大変。天火から出した熱々のものを切って出す、というのは魅力的で、やってみたくなるけど、これは生地を練ることから、中身を作ること、火加減までとても手間がかかるということを忘れてはならない。

しかもこれはメインにはならないのだ。夕方に集まるとしても、これだけで朝からの時間がなくなってしまうおそれがある。慣れれば、それなりにこなせるようになるのかもしれないけど。

郷土色

ところで、日本料理は地方性が豊かなので、それを取り入れることも考えられる。北海道、秋田、金沢、高知、長崎、沖縄などの特色ある食材がけっこう買えるようになったし、地方料理もちょくちょく紹介されるようになった。それに旅行経験も生かせば、我が家の会食はさらに豊かになるだろう。話題もできる。

西洋料理だったら、だいぶ勉強しないと、フランスやイタリアの地方色までは出せない。各国のものを混ぜることも可能だが、それでは何のことはない、せっかく国別にして雰囲気を出そうと思っていたのが台無しになる。

せめて地中海風とか、ドイツ・東欧風とかに地域を限定したほうがよろしいようだ。もっとも、スタンダードなフレンチにギリシャ風や、トルコ風のエキゾチックな一品を忍び込ませるなんてのは、悪くないけどね。

近頃は「無国籍料理」やら「創作料理」なんてのがもてはやされているから、和食っぽい皿を加えたり、逆に和食のときにチーズを使ってみたりしても、おもしろいかもしれない。ただし、**センスよく**やらないと、調和を欠いた、種類だけが多い、雑然たる食卓になってしまう。これではお惣菜路線へ逆戻りだ。

ではどうすればよいのか。

さあ、ここで威力を発揮するのが、これまで身につけてきたアームチェア・ガストロノミーではないの。食卓構成を考えるときに必要とされるよいセンスとは、もちまえの味覚感性に頼るだけでなく、知識、すなわち「グルメの教養」から生まれるのだから。

あとがき

じつは、筆者はそれほど料理をするわけではない。折にふれて好きなものを作ってきたにすぎない。これまでに料理をきちんと習ったこともない。

それでも客を呼んでもてなすことが道楽となり、いつの間にか若干凝ったものや、そこらにはないものも作るようになった。もともと「ままごと」趣味があるせいか、すぐ「シェフのつもり」になってしまうのだ。

客は私の「つもり」につられて、その料理が本格的なイタリアンやロシアンだと思うらしかった。その中にはかなりのうるさ型だけでなく、ホンモノのイタリア人やロシア人もふくまれていたので、私は自己流プレゼンテーションに自信をつけてしまった。

手探りのくせに怖いものなし、という私の流儀の原点は、若いころの二年間、モスクワで送った独身自炊生活にあるのかもしれない。みごとなほどにものがない社会主義社会の中で、日本で食べていたようなものを手探りで作るのはやさしいことではなかった。この次第を話せば長い、笑いと涙の物語になるだろう。

今のような「グルメ時代」以前のこととて、料理の本なんぞはもっていなかったから、舌に残る味の記憶だけが頼りだった。どうしてもわからないことは、先輩駐在員の奥さんたちに聞いた。

このときの経験から、調理の方法や味付けを、教えられるとおり、書かれてあるとおりではなく、自分の頭の中で理屈だてて整理してから、必要に応じてひとくふうして自己流にする癖がついた。たいていの場合そのくふうは、どう手抜きをするか、ということだったのだけれども。

その後短くはない人生の間に料理の本や、食べ歩きの本、食文化史の本、世界の食事情、食に関する随筆などを読みあさり、関連のテレビ番組もよく見た。

その一方で、ちょくちょく外国に出かけたので、有名・無名の店でその土地らしいものを食べることも心がけた。日本では、各地のカウンター割烹にすわって、板前さんから料理をめぐるいろいろな話を聞かせてもらった。

気がついてみると、おどろいたことに、食と料理に関して、自己流ながらいささか物知りになっていた。なるほど、これが世に言う「耳年増」なのか。

そうなるとがぜん、ただの調理人だけでなく、本を書いてガストロノームの仲間入りをしたくなった。耳年増というのは実体験の痛みを知らないままに、恐れも恥じもせず、いろいろひけらかしたがるのである。

そんなときに、デザインのセンスに長けているばかりでなく、最近は歌手にまでなってしまったマルチ人間である、アーバンプロ出版センターの宮下知子さんが現れた。そのご協力を得て、この本ができ上った。

あとがきでは、本の誕生に力を貸してくださった方々に謝辞を述べるのがふつうである。私の場合なら感謝すべきは、料理を食べてくださり、ほめてくださった多数の客人だろう。ただ、初めからほめまくって、いつも背中を押してくれたのは、妻の直美と息子の明彦だった。ふたりがいなければ、この本はおろか、私の料理そのものが成り立たなかっただろう。

二〇一六年五月

小町　文雄

著者紹介

こまちふみお、本名宇多文雄。上智大学名誉教授。

上智大学外国語学部ロシア語学科卒業。在ソ連邦日本大使館研修・勤務を経て、上智大学専任講師(その後同教授)。ロシア・東欧学会代表理事、日本ロシア文学会理事、副会長、ロシア語通訳協会会長などをつとめる。NHKテレビ、ラジオロシア語講座講師。サンクト・ペテルブルグ文化大学名誉博士。

主な著書に『ソ連　政治権力の構造』中央公論社、『グラースノスチ　ソ連邦を倒したメディアの力』新潮社、『ペテルブルグとレニングラード　光と陰の物語』東洋書店、『ロシア語通訳教本』(原ダリアとの共著)東洋書店、『ロシア語文法便覧』東洋書店、など。

筆名小町文雄名義で、『サンクト・ペテルブルグ　よみがえった幻想都市』中公新書、『ロシアおいしい味めぐり』勉誠出版、『おれんちでメシ食わないか』光文社、『趣味は佃煮』光文社知恵の森文庫、『熟年旅三昧』清水弘文堂、『ゆとりの旅心』勉誠出版、『熟年スクーバダイビング開眼』勉誠出版、など。

ヨーロッパ各国めぐり、京都めぐり、スクーバダイビングなどを趣味とするが、食べ歩きは、「その道の愛好者たちと張り合えるほどの水準ではない」。客をもてなすのも趣味で、教え子たちのサロン「萬人会」、「千人会」を三〇年以上主宰して自作料理をふるまう。「アームチェア・ガストロノミー」はその過程で身についたもの。

グルメの教養　「食の子ども」から「食のおとな」へ

2016年6月10日　初版第1刷発行

著　者　　小町　文雄

発　行　　㈱アーバンプロ出版センター
〒182-0006 東京都調布市菊野台2-23-3-501
TEL 042-489-8838　FAX 042-489-8968
URL http://www.urban-pro.com　振替 00190-2-189820

印刷・製本　シナノ

　ISBN9784899812623 C0077

gourm
culture